あなたの人生を100%変える話し方

成功を呼び込む
「話し方」の技術

菱田さつき
satsuki hishida

はじめに――誰でも「話し方」を変えれば人生が変わる

世の中に話し方の本があふれ、自分も話すことが苦手だと感じている人が多いことは今も昔も変わりありません。では、なぜ、話し方の苦手な人は上手になれないのでしょうか。

その原因はたった一つ。話し方は「技術＝スキル」であるとはっきり自覚して、その習得に全力を尽くさないからです。

よくあるのが話し方で大切なのはマインドである、モチベーションが大事であるという間違った認識です。その必要性がまったくないとは言いませんが、ほとんどそれは関係のないことです。

私はプロの話し手ですので、どんな状況でも仕事をきちんとこなさなくてはいけませんから、「今日はあまり気分が乗らない」とか「モチベーションがなかなか上がらない」とか、そのような弁解はいっさいできません。

しかし、そのような状況であっても仕事のレベルはきちんと保つことができます。なぜなら「話し方」はスキルである、技術であるからです。私はそのスキルを獲得するために練習をたくさんしてきましたから、今ではプロの話し手として仕事をすることができています。

そして、何よりもそのことを通してみなさんにお伝えしたいのは、話すことが苦手な人でも、そのスキルを学べば人生を変えることができるという事実です。

まさにその見本といえるのが私自身です。現在、結婚披露宴や式典、イベントなどの司会を本業として、話し方講座の講師もしている私ですが、以前は人と話すことが大の苦手でした。幼稚園の頃からどのように人とコミュニケーションをとったらいいかがわからず、いつも一人でポツンと、楽しそうに遊ぶ園児たちを見ていました。

小学校に入ってもそれは変わらず、家にこもっては絵を描いたり、本を読んだりしているのが好きな子どもでした。中学校に入って部活をやっても、男子生徒からは「ネクラ」とあだ名をつけられるほどでした。

高校卒業後は専門学校に通ってデザイナーになりました。もともと絵を描くことが好きだったことに加え、その仕事は一人で黙々とする作業だったからです。それが自分には合っていると思っていました。

そんな私の人生を変えたのが求人誌に載っていた「婚礼司会者募集」の広告でした。それを見た途端、なぜかわからずに「コレだ！」と思いました。今考えてもその理由はよくわかりません。自分でも気づかない潜在意識の中で、人と話すのが苦手だった自分をいつかは変えたいと思っていたのかもしれません。

当然のことながら、面接には落ちましたが、そこで練習生としてレッスンを受け、5ヵ月でプロデビューをすることができました。これは同期の中では異例の速さだったようです。

では、どうしてそれができたのか。それは「話し方」は「技術＝スキル」だと知り、その技術を習得するトレーニングを一所懸命にしたからです。今ではこの仕事が天職だと胸を張って言うことができます。

私自身、本当に人と話すのが苦手で、コミュニケーションをどのようにとったらいいかわからない人間でした。その私が「話し方」の「技術＝スキル」を身に着けただけで人生を変えることができました。みなさんも必ず私と同じように人生を変えることができるのです。

ぜひともこの本に書かれていることを実行して、自分の望む人生を手に入れてほしいと思います。

私がそのサポートを致します。

菱田さつき

平成29年3月吉日

あなたの人生を100%変える話し方◉もくじ

はじめに――誰でも「話し方」を変えれば人生が変わる　1

序章　なぜ、私の人生が変わったのか？

●友だちもいなかった話ベタの私がプロの司会者になれた理由……12
●本当の自分の姿を知って自分を変えようと思った……18
●「話し方」を変えたら起こった奇跡①言葉の力でマイナス思考からプラス思考へ……24
●「話し方」を変えたら起こった奇跡②表現力をつけたら次々に仕事が舞い込んだ……29
●「話し方」を変えたら起こった奇跡③笑顔が私の標準仕様に。お陰で元気な人が周りに一杯……34
●日本語をいくら話していてもスキルは上がらない……38

第1章 人生を変える話し方①
好感度の高い人が大切にしていること

●「話し方」とは「表現力」である……42
●「表現力」を高めるポイント……49
●顔が見えないときこそ「表現力」が必要……56
●メール時代の「表現力」とは何?……62
●効果的な目線の使い方……64
●相手の心をつかむコツ……66

第2章 人生を変える話し方②
「アガり症」の克服法

●「緊張」と「アガる」は違う……72
●そもそも「アガっている」とはどういう状態なのか……74

●いきなりプールに飛び込んでも泳げない……80
●アガらないための一番の近道……82
●頭の中が真っ白になったらこの切り抜け方……88

第3章
人生を変える話し方③
伝える技術

●何を話すかよりもどう話すか……96
●自分だけの原稿作りが重要……99
●他人が作った原稿には必ず手を入れること……104
●地図を持たずに出発するから道に迷う……107
●伝わりやすい話し方……115

第4章
人生を変える話し方④
滑舌を良くする方法

●理想の話し方とは？……126
●発声練習は欠かさない……128
●滑舌を良くするトレーニング……132
●話の途中で噛《か》まないように注意すること……135

第5章
人生を変える話し方⑤
状況によって使い分ける技術

●プレゼンテーションの場合……142
●会議でのスピーチの場合……147
●冠婚葬祭で心がけること……149
●面接時の対応策は？……159
●座り方にも注意して……165

おわりに――「話し方」のスキルを手に入れて実りの多い人生を　168

装丁・小室造本意匠室

序章

なぜ、私の人生が変わったのか?

友だちもいなかった話ベタの私がプロの司会者になれた理由

私の人生が変わったとお話ししますと、私自身が変わったと思われる方がいらっしゃいますが、実際はまったく変わっていません。昔のままの私です。

では、何が変わったのか。それは性格や育った環境で培《つちか》った習慣や考え方、生き方のクセといわれるものです。

例えば、もともと暗いと言われていた私が今ではとても明るく、ハキハキとして、積極的な女性に見られます。それは素のままの私をそのまま出すのではなく、それを見せないで逆に明るく、ハキハキとして、積極的な自分を演じるノウハウを身に着けたからです。

そのノウハウとは何か。それこそが「話し方」です。

「話し方」は技術、スキルです。これを覚えれば誰でも明るくなれ、ハキハキと積極的な自分を演じることができます。

当然、相手は私を明るく、積極的な女性として認識し、接してきます。そして、お互いがそのように相手を認識したうえでの人間関係を作ることができます。そのなかでは私は決して暗くて引っ込み思案の消極的な人間ではありません。


たった一つ、「話し方」の技術、スキルを身に着けるだけで人生は大きく変わります。それも自分を大きく変えることなく、実現することができます。

もちろん、そのようなノウハウを身に着けることで自分の内面の変化が起きることもありますが、それはあくまでも二次的なものです。それを目指して「話し方」の技術、スキルを学ぶ必要はありません。

実生活で役に立ち、人生を楽しくするため、人間関係を良好にするためのノウハウであると思ってください。

ここで、これからお話しする「話し方」の技術、スキルを習得した結果、どのような大きなメリットがあるのか、簡単に説明しておきましょう。

1　明るい自分を表現できる

これは私自身の経験からもはっきり申し上げることができます。それができるようになると周りから社交的に見られるようになりますから、あなたの周りに人が集まるようになり、交流が深まります。

その結果、友だちもたくさんでき、行動範囲も広がります。知らなかったお店にも連れて行ってもらえます。今までだったら絶対、会えない人とも会うことができるようになります。

2　なりたい自分に近づいていく

自分でどうしてもやりたいと思っていても、それが性格だったり、生き方のクセであったり、そのようなものが邪魔をしてできない場合がよくあります。そのため、あきらめてしまうケースをよく耳にしますが、それを乗り越えることが可能になります。

例えば、マイナス思考だった人は「話し方」の表現を変えるだけで、違う自分になることができます。

コップに水が少ししかないときでも、「コップに水がまだこれだけ残っている」と、表現をプラスに変えれば気持ちが変化します。

また、出かけようとしたら雨が降ってきて嫌な気持ちになった場合でも、「雨が降ってきたけど、気温が高かったし、これで涼しくなるからラッキー！」と、口に出してみます。

状況的には何も変わりませんが、表現を変えるだけで自分の気持ちを切り替えることができます。

このようになりたい自分をプラス思考の言葉で表現する技術、スキルを身に着けることで、なりたい自分に近づいていくことができるので、以前のままでしたらあきらめていた場合でも、思い直して気持ちを前向きに戻し、前に進むよう自分でコントロールできるようになります。

3　人の目を気にしないで済む

私の場合、子どもの頃から人の目を気にして生きてきました。両親が教育関係の仕事をしていたこともあり、どうしても世間の目を意識せざるをえなかったのです。

その影響を強く受けて育ちましたので、常に人の顔色を伺い気持ちを読む、その場の空気を読むことを優先していました。それが人とあまり話せない原因にもなっていたようです。

しかし、「話し方」のノウハウを覚えますと、人の目を気にしない自分を演じられるようになります。これができるようになりますと、人前でも平気で話せますし、人から見られても平気になりました。

逆に、今の仕事では人の気持ちを読んだり、空気を読んだりすることは必要ですが、その両面を使い分けることができるようになりました。そうすることで、こうありたい自分を自分で表現できるようになったのです。

昔は人の目を気にしないでどんどん言いたいことを言い、やりたいことをやれる人がうらやましかったのですが、今はそれもなくなりました。現在はどんな自分も表現できる技術、スキルがあり、自信を持って人と会い、話ができるようになっています。

私がこのノウハウを身に着けた結果、手に入れたものは数えきれないくらいあります。友だちが増えたのはもちろんのこと、交際範囲が拡がり、いろいろな情報も入ってくるため、経営のスキルや仕事もどんどん入ってくるようになりました。

私が司会の仕事をやっていられるのもこのお陰ですし、今ではこの仕事が天職だと思っています。

今、私は人生がとても楽しくて仕方がありません。みなさんにもその経験をぜひともしていただきたいと思っています。

次の項目からは、私が「話し方」をどのような経緯で身に着けようと思ったのか、そして、その結果、どのように人生が変わったのかを、お話ししたいと思います。

みなさんも必ず私と同じように人生を変えることができます。

本当の自分の姿を知って自分を変えようと思った

「みなさんは自分のことを本当に知っていますか?」

そう問いかけるとたいていの人は「知っている」と答えるかもしれません。

しかし、世の中に出ていろいろな経験を積んでくると、意外に自分のことを知らないと気づかされることがあります。

これは自分で思っている自分と他人が思っている自分は違うということです。その認識のズレを知ることで自分を変えるきっかけがつかめるようになります。

私が「話し方」のスキルを勉強して自分を変えたいと思ったのも、そのような経験が下地にあったのかもしれません。みなさんも本当の自分を知るチャンスがあったなら、ぜひともそのチャンスを「話し方」を学ぶきっかけにしてほしいと思います。

ここで、私自身の経験を二つほどお話ししておきます。それはコミュニケーションを上手にとれないために起こった出来事でもあります。自分では一所懸命にやっているつもりでも、それが相手にとってはそうは思わない例です。

世話を焼いたつもりがいじめと思われた

小さい頃から私には友だちがいませんでした。そのため幼稚園時代はいつも一人でポツンと他の園児が園庭で遊んでいるのをテラスで見ているのが日常でした。

今でもカラーの映像として頭の中に浮かんできます。みんなが楽しそうに遊具を使って遊んでいるのを一人眺《なが》めている自分。それをまた上から見ている自分。そんな映像が今でもはっきり残っています。

私には三つ年上の姉がいますが、私とは違い、元気で明るく、とても活発なタイプでした。しかし、どういうわけか、私は正反対。「なぜだろう、どうすればうまく人と話せるのだろう」といつも思っていました。

そんな自分ですから、人にやさしくするのも自分なりの方法でしかできなかったようです。そんなとき、とてもショックなことが起きました。

親を含めての三者面談のときでした。思いもよらないことを先生から言われたのです。

幼稚園で一緒だった男の子を私がいじめている。その子がもう幼稚園に行きたくないと言っている。そのような話を男の子の母親からされたというのでした。

それを聞いたときはとてもショックでした。まったく自分ではそのような自覚がなかったからです。逆にその子の面倒を見ているつもりだったのです。

今から思うと、自分が母親から「ああやりなさい」「こうやりなさい」と言われたことを、そのまま男の子にも言っていたのです。自分ではお世話を焼いているつもりだったのですね。それがまったく逆に思われていたのでしょう。

幼いながら、人とどうコミュニケーションをとればいいか、その難しさを思い知らされた出来事でした。今でもそのことをよく覚えています。

きっと私の心の奥で「話し方」をきちんと覚えなくてはいけない動機の一つになったのではないでしょうか。

笑っているつもりがまったく笑っていなかった

次の出来事は私がデザイナーとして勤めていた会社を辞め、新しい仕事を探していたときに見つけた「婚礼司会者募集」のオーディションを受けたときの話です。

なぜだかわかりませんが、その募集を見たとき、「コレだ！」と啓示を受けた気がしたことはお伝えしましたが、そのオーディションで再び、私がいかに自分のことをわかっていないかを思い知らされたのです。

オーディションは7～8人くらいのグループに分かれて行われました。原稿を読んだり、いろいろな注文が出されてそれに応える要領で進められました。

そのなかに渡された原稿を「笑顔で読んで」というのがありました。言葉を話す仕事はいくつかありますが、司会業では笑顔が欠かせない要素です。その適性を見るテストでもありました。

みなさんは笑顔は簡単に作れると思っていませんか。誰でも面白いときには当たり前に笑いますよね。ですから、とくにスキルがなくてもできると思っている人がほとんどです。わざと笑顔を作ることもあまりありませんので、笑顔をつくることの難しさを知らないのです。

私もその一人でした。そのとき、それこそ自分では200%の笑顔で原稿を読んだつもりでした。

ところが、司会事務所の女性社長に次のように言われたのです。

「こんなに笑えない女は初めて見た」

このときもかなりのショックを受けました。自分では精一杯笑っているつもりでも相手はそうは思わない。小さい頃に味わったショックをまたも大人になって味わうことになりました。

話し方のスキルがないときちんと相手に伝わらない

笑顔は「話し方」ではありませんが、大事な表現力の一部です。次の章で表現力について詳しくお話ししますが、「話し方」を含めた表現力の技術、スキルが人間関係にはどうしても必要です。

私は大きなショックを経験することで、表現力の大切さを学びました。そのときにははっきりと自覚していなかったかもしれませんが、現在の仕事をするようになってそれを痛感しています。

もしみなさんが自分の思いと相手の思いが違っていた場合、それは伝え方がきちんとできていないからだと理解してください。そして、その伝え方の技術、スキルこそ「話し方」を含めた表現力なのです。

私が自分で人生を変えられたのも、この表現力を身に着けたからです。

「話し方」を変えたら起こった奇跡①
言葉の力でマイナス思考からプラス思考へ

司会事務所のオーディションには見事に落ちましたが、それが私の人生の転機になったのは間違いありません。

話ベタで引っ込み思案の私が人前で話そうと決心したこと自体、画期的でしたし、それが無理にではなく、自然にそう思えたことも、私のなかで何かが変わり始めた証《あかし》でもありました。

このようなときには幸運も舞い降りてくるようです。オーディションには落ちましたが、そこの女性社長から「レッスンを受けてみない？」とお誘いを受けたのです。

もちろん、私はその提案を喜んで受けました。そしてこの頃、クラウンを全国に派遣する会社（プレジャー企画）との出会いもありました。司会業は土、日の仕事が多いので平日が空いています。そこで平日はプレジャー企画で、土日は司会の仕事をするようになりました。

こうして私の「話し方」のプロの道へのスタートは切られました。今思うと、この二つの出会いが、私の人生を大きく変えるきっかけでした。


レッスンは4～5人で行いました。その内容は次の章からノウハウとして紹介してあります。

通常、レッスンを受けてから、半年から1年かけてデビューをするのですが、私の場合、それが5ヵ月でデビューできたのです。レッスン生のなかでは優秀だったのかもしれません。

なかには1年やってもデビューできない人もいました。私自身は幼い頃から話すのが苦手で人前に出るのも得意ではありませんでしたが、意外に司会業には適性が合ったようです。

この私が「話し方」のプロになれたのですから、「話し方」は技術である、スキルであることがよくおわかりいただけると思います。どんな人でもそれを学べば必ず「話し方」のプロとは言わないまでも、人間関係は良好になるでしょう。

では、実際にどのようなメリットがあり、私の人生をどのように劇的に変えてくれたのか、そのいくつかをご紹介したいと思います。

言葉を言い換えるだけでプラス思考になれる

言葉の使い方、表現については先ほど少し触れましたが、それがどのような効果を生んでいるのか、自分の人生を変えていくのか、その例を私の体験からお話しします。

私の仕事は披露宴の司会もとても多いので、そこでは忌《い》み言葉、いわゆる使ってはいけない言葉に注意しています。

その結果、言葉を何でも良いほうの言葉に言い換える習慣がつき、悪い言葉が出てくると「これはどのような言い換えができるだろうか」と常に考えるようになりました。

例えば、次のような言葉です。

・暗い→落ち着いている

・飽きっぽい→行動が早い

・あきらめやすい→気分転換がうまい

これらの言葉は普通に捉えれば悪い意味になりますが、言い換えると前向きな言葉になります。

言葉の力とは、思っているよりも非常に強いものです。たかが言葉と侮《あなど》ってはいけません。それが自分自身の心を変えていくのですから。

みなさんもプラス言葉の効用というのをお聞きになったことがありませんか。いつもマイナスの言葉を使っているといつの間にか、自分自身の考え方もマイナスになってしまいます。

逆にプラスの言葉、前向きの言葉を使っていると今度は考え方も前向きになり、すべてをプラス思考で捉えるようになるというものです。

物事の本質は変わらなくても、それを捉える視点を変えるだけで気持ちの持ち方は大きく変化していきます。

私の場合、きっかけは仕事で忌み言葉を使わない、できるだけ明るく、前向きな言葉に置き換えることをやっているうちに、それが日常でも身に着いてきました。ふと使ってしまう言葉でも、それをプラスの言葉、前向きな言葉に変えるのが当たり前になりました。

するとどうでしょうか。私のもともとの資質であるマイナス思考は変わらなくても、自分の力でプラス思考へとコントロールできるようになったのです。

一度、身に着いた習慣は、日常の生活習慣として定着していきます。どちらかというと暗い性格の私であっても、このような言葉の力を借りることで明るく、前向きな人生を送ることができるようになりました。

みなさんも言葉の威力、効用を取り入れた生活をしてほしいと思います。

「話し方」を変えたら起こった奇跡②
表現力をつけたら次々に仕事が舞い込んだ

次は私の仕事を通しての数々の出来事をお話しします。実際に経験してみると、ここまで人生が変わるのかと驚きます。人間関係、それは仕事ではとくに重要ですが、それが「話し方」を含む表現力で大きく変わります。

まず私が仕事をするうえで心がけたことがいくつかあります。その一つに声の調子を変えることがありました。

変えたのは二つです。

・音程を中音よりも少し低めのトーンにした
・ゆっくり話し、笑顔を心がけた

目的は落ち着いた印象を相手に与えるためです。早口で高い声だとなかなか落ち着いた印象を与えられません。そのため、あえて普通に話すよりも低めのトーンにしました。

今では「安定感がある」「安心だ」というお褒《ほ》めの言葉を頂いています。その結果、仕事のオファーも増え、とくにケーブルテレビの仕事では生放送の依頼が多くなりました。

生放送は失敗が許されません。録画でしたら、最悪の場合、撮り直しができますが、生放送はそれができません。当然、安心できる人選を優先させます。そのなかに私が入れたのも、音程を変え、話すときの調子をゆっくりにしたのが功を奏したと考えています。

また、会話のときに笑顔とともに気をつけたのがリアクションを大きくすることでした。

私は人と話すとき、自然に手が大きく動き、視線も上を向いたり、横を向いたりしますが、それはリアクションを大きくするように心がけた結果だと思います。

リアクションを大きくすると何が良いのでしょうか。それは話す側が自分の話をよく聞いてくれている、きちんと理解して反応してくれていると安心することです。

みなさんも経験があると思いますが、こちらが一所懸命に話していても、相手が無表情だったり、はっきりわかるリアクションがないと相手がどのように思っているのか、こちらの話がつまらないのではないかなど、不安になることがありませんか。

人は自分の話を真剣に、一所懸命に聞いてくれる人に好感を持ちます。それにはリアクションをはっきりするのが効果的です。

私の場合もそれを心がけました。すると、話す相手が気持ちよく話せるようになり、「菱田さんと話すと楽しい」と言ってもらえるようになりました。

それからは話をしてくれる人がどんどん増え、有益な情報が集まってくるようになり、人脈もできました。その結果、今までとは違う世界の人とも会え、前よりも質の良い仕事も来るようになったのです。

何があっても立ち居振る舞いをゆっくり大きく優雅にした

仕事の現場は生き物です。何が起きるかわかりません。アクシデントは付き物といってもいいでしょう。逆にそのときの対応の仕方でその人の力量が見えてしまいます。

経験を重ねれば自ずとそのときの対応にも余裕ができてきますが、最初はなかなかそうはいきません。

そこで、私は1年目から何があってもおどおどせずに、立ち居振る舞いをゆっくり大きくし、堂々としている振りを心がけました。

気をつけたのは次のことです。

・笑顔を絶やさない
・姿勢に気をつける（背筋をピンと伸ばす）

・歩き方も堂々とする

これらに注意しながら、立ち居振る舞いをゆっくりと、大きくして優雅に見せる努力をしました。

これは「話し方」も同様です。アクシデントがあると早口になったり、間がなくなったりしますが、そのようなときこそゆっくりと落ち着いた声で話すようにしました。

するとどうでしょうか。司会デビュー1年目からベテランに見られ、仕事のオファーも増えてきたのです。

さらに心がけたのが結婚式場やホテルでの披露宴の現場で働くすべての人に同じ接し方——笑顔での対応や明るい話し方を徹底しました。

担当者さんはもちろんのこと、現場の責任者、音響さん、照明さんなどです。とくに気をつけたのが披露宴とは直接関わらない人やアルバイトの人です。駐車場係の人や中年女性のパートさんにも念入りに接しました。

これにより、周りからは「感じの良い人」という印象を持たれ、すべての人が協力的になってくれました。お陰さまで小さなミスが起きてもカバーしてくれたりして、現場が非常にやりやすくなりました。

ちょっとした気遣いが仕事の効率をアップさせます。それが「話し方」であり、表現力なのです。

「話し方」を変えたら起こった奇跡③
笑顔が私の標準仕様に。お陰で元気な人が周りに一杯

今の私のトレードマークは「笑顔」です。仕事柄、笑顔を絶やさないように注意をしていますが、それを私は徹底させました。ただ、気をつけるというだけでなく、物理的にも笑顔を作る努力を欠かしませんでした。

笑顔は自分で笑おうと思うだけでは作れません。

私がオーディションで精一杯、笑っているつもりでも笑っていないと指摘さ

れたことはお話ししましたね。それがトラウマになったわけではありませんが、逆に笑顔が苦手だと自分自身で自覚してそれを改善しようと思いました。

とくに人の前に立っている間は、絶対に一瞬たりとも口角《こうかく》を下げないと決めて現場に入りました。

みなさんも実際に鏡をご覧になって笑顔を作ってみてください。意外に自分で思うよりも笑顔ができていないことに気づくはずです。

それを改善するには口角を上げることです。これが簡単そうでいて、なかなか難しい。最初の頃は顔の筋肉がピクピクと痙攣《けいれん》したものです。

慣れればそれが自然にできるようになりますが、そうなるまでは我慢してやり続けました。そのうちに周りから「いつも笑顔が素敵ですね」と言われるようになりました。

それがいつの間にか、現場では私の標準仕様となり、今に至っています。これも徹底してやろうと心がけたからだと思っています。

そして、そのお陰というか、最初からそうなろうとは思っていませんでしたが、口角を上げるトレーニングをしていると顔の表情筋が鍛えられ、年齢のわりには顔のたるみもなく、シワも少ないほうになりました。

人に見られているという意識。それを持つことで笑顔を絶やさなくなり、それが私の一番の美容液になっています。

エネルギーにあふれる人が周りにたくさん集まってきた

笑顔の効用もそうですが、私がそれ以外に気をつけているのが「明るく、元気で、前向きに」という姿勢です。

もともとコミュニケーションをとるのがヘタで、中学生時代には男子から「ネクラ」というあだ名までつけられていた私です。しかし、それが私はとても嫌でした。

誰でも仲間から「ネクラ」と言われてうれしい人はいませんよね。人と比べて口数が少ない、笑顔が少ない、話すのがヘタであっても、それは好き好んでそのように振る舞っているわけではありませんから、それを「ネクラ」と言われると、自分の欠点をいつもからかわれているようで嫌でたまりませんでした。

私が司会業のチラシを見たとき、インスピレーションがひらめいたのも、自分の欠点を直したい潜在欲求がそうさせたのかもしれません。

そのような経緯もあって、司会業の道を選んでからはできるだけ元気で、明るく、前向きに自分を表現するように心がけました。

するとどうでしょうか、「ネクラ」と言われていた私が、いつの間にか明るい人間と思われるようになり、「元気で、明るく、前向き」なエネルギーにあふれる人たちが、どんどん集まってきたのです。

人というのは面白い生き物だと思います。自分と似たオーラが出ている人を見つけると、その人のところへ集まってくるのですね。

私の根本的な性格は今でも変わっていないと思いますが、表現を変えるだけでオーラも変わってきたのでしょう。目標とする人間が逆に向こうからやって来るようになりました。

今ではその人たちが私の財産になっています。

日本語をいくら話していてもスキルは上がらない

私たちは生まれて言葉（日本語）を覚えてから、ずっと日本語を使って暮らしてきました。当然、日本の中で生活している限りは言葉に困ることはありません。

しかし、ここではっきり申し上げておきますが、日常生活で不自由がないことと相手にきちんと気持ちを伝えられる、相手から好感をもって受け入れられるのとはまったく違います。

自分の気持ちをきちんと伝えるには、マインドだけでは難しいのです。それには伝える技術、スキルが必要です。

ところが、現在の日本では「話し方」の技術は学校でも教えていませんし、社会に出てもマナーは教えてもらっても「話し方」は教えてくれません。

その結果、きちんと話ができない、相手に言いたいことが伝わらない、相手から誤解されるなどの弊害が起こってきます。

私は「話し方」のプロですから、どんな状況であっても、最低限の合格点を取れる「話し方」のスキルを身に着けています。そして、そのスキルはみなさん、一般の人にも欠かせないと思っています。

みなさんは「話し方」の身に着け方、その方法を知らないだけです。

誰でもいきなりプロ野球の選手にはなれませんし、プロゴルファーにもなれません。必ずその練習方法を学んでトレーニングをしているはずです。

「話し方」も同様です。

次の章からは具体的な練習方法をお話ししていきますので、しっかりとトレーニングをして身に着けてください。

第1章

人生を変える話し方①
好感度の高い人が大切にしていること

「話し方」とは「表現力」である

これから私が身に着けた「話し方」についてお話を進めていきますが、初めに一番基本となる考え方をお伝えしておきます。

それは、話し方とは「表現力」であり、自分を表現するときに必要なスキルの一つとして「話し方」があるということです。

これはわかっているようでいて、意外にわかっていない人が多いと思います。言葉で話せばすぐに相手に通じると誤解しています。しかし、実際はそうはいきません。そのことがよくわかる二つの事実を紹介したいと思います。

それは言葉ではないコミュニケーション、「ノンバーバル・コミュニケーション（非言語コミュニケーション）」と呼ばれるものです。

初対面の人を判断する基準

一つが心理学で有名なメラビアンの法則です。人が他人を判断するとき、何を基準にしているかを統計的に示したものです。

そこには意外な結果が示されています。それは言葉が人を判断するときにあまり役に立っていないことです。

通常、人は相手と会ったとき、どのような判断基準を持つでしょうか。メラビアンの法則によると、最も参考にするのが相手の外見、これが55％。そして、声、音声が二番目にきて38％。最後に言葉が7％と続きます。

外見には次のような要素が含まれます。

・表情、動作、立ち居振る舞い、服装、メイク等々

そして、音声とはどんなものでしょうか。

・声の高低、大小、強弱、スピード、イントネーション、発音、滑舌《かつぜつ》等々

最後に言葉ですが、これには次の要素が含まれます。

・言葉自体の意味、話の内容等々

このような要素を瞬時に、しかも無意識的に判断し、人は相手がどのような人物かを見抜いていています。つまり「何を話したか」は、たった7％しか判断の材料にならないことになります。

もちろん、これはあくまでも初対面の場合、相手をよく知らない場合ですから、長くつき合っている相手ならば表面から受ける印象は悪くても、本当はとても良い人間だとわかる場合もありますし、その逆の場合もあります。

しかし、ビジネスの場は、そんなに甘くはありません。初対面で自分をよく知ってもらうのに時間を使ってくれるほど、相手は暇ではありません。

みなさんも経験があるように、初対面で受けた印象は相手を判断する場合にかなりのパーセンテージを占めてしまいます。

人はなかなか自分の判断を変えませんから、一度、相手に良くない印象を持たれたなら、それを変えるのには相当の努力がいります。そのため、第一印象がとても大事であると言われています。

初対面で受ける印象は外見、音声、言葉の三つでできていることを覚えておきましょう。

言葉の割合は他の二つよりも低いですが、だからといって、それが重要でないわけではありません。とくに音声と言葉は連動していますから、外見とともに相手から好感を持たれるような「話し方」が大切です。

人は五感全部を使って相手を判断する

もう一つ、同じような事例をご紹介します。それは五感から受ける印象です。

私たちはすべての五感を使って起きている物事を判断します。その割合をパーセンテージにして表すと次のようになります。

・視覚……87％
・聴覚……7％
・触覚……3％
・臭覚……2％
・味覚……1％

この割合を見ても、圧倒的に視覚の割合が高いことがわかります。先ほどの外見から受ける印象とも一致していますね。それほど人は見た目で他人を判断しているということです。

好感度の高い人はこれらのすべての要素を使って相手から良い印象を引き出しています。みなさんも「話し方」はもちろんのこと、外見や音声にも気を配って表現する意識を強く持ってください。

では、どのような自分を表現すればいいでしょうか。それには自分がなりたい理想の姿を思い描いてみます。

もしそれがすぐにわからない場合には、あなたが憧れる人物、好きな人を思い浮かべてください。あるいは芸能人や著名人の名前が浮かぶならば、その人を想像してください。

そして、その人がどのような話し方をしているか、声の調子はどうか、高さはどうか、大きさはどれくらいか、テンポや間の取り方はどうかなど、まずはその人の真似をしてみるのです。

もちろん、それがすぐにできなくても構いません。それには技術、スキルが必要ですから、それをこの本でお教えしようというわけです。

例えば、自分が暗いと思っている人、または人から暗い、消極的だと思われている人は、明るい自分を表現すれば問題は解決します。

そのための一番簡単な方法は笑顔を作ることです。笑顔をいつも絶やさない人に暗い人はいません。ですから、常に笑顔でいられる練習を重ねます。きれいな笑顔を作るには練習が欠かせません。もちろん、楽しいことや面白いことがあれば自然と笑顔になりますが、それは瞬発的なもので、自分の意思で持続できません。

笑顔を作るのに必要なのは、表情筋です。そして表情筋はトレーニングで鍛えることができます（笑顔のトレーニング方法はさまざまな本やインターネットでもたくさん紹介されていますので、そちらを参考にしてください）。

初めは、無理に笑うと作り笑いになってしまい、不自然な笑いになります。でも、それでいいのです。トレーニングを続けていけば、自然な笑顔を自分の意思で作ることができるようになります。

笑顔は「話し方」ではありませんが、「表現力」でありとても重要な要素です。話すときには笑顔が大切です。それも自然な笑顔とともに話ができればさらに効果的です。これは表情の豊かさにもつながります。

「話し方」を含めた表現力をアップして好感度を高めましょう。

「表現力」を高めるポイント

次に「話し方」の表現力をどのようにアップさせればいいか、その方法についてお話ししていきます。

それには大きく分けて三つのポイントがあります。

1　音程
2　間《ま》
3　テンポ

この三つで表現力が豊かになります。それぞれをもう少し詳しく解説していきましょう。

まずは音程です。音程は、高い音と低い音の変化をつけることです。一つの言葉や文章の中で、音を高くしたり低くしたりと変化をつけます。持って生まれた声質が高い、低い、という意味ではありません。

次に間です。間とは言葉と言葉、話と話の、声を発しない無音の時間のことです。ときどき間を、長く取ったり、短く取ったりして、話のリズムに変化をつけます。

最後はテンポです。テンポは、速い、遅いに変化をつけることです。リズムよく話すとか、わざとゆっくり話すなどします。ゆっくり歩いたり、軽く駆け足で走ったり、全力疾走したりするイメージです。これらを組み合わせて表現を豊かにしていきます。

このようなことをするのは棒読みを防ぐためです。棒読みはまったく感情表現が表れていない状態です。これでは自分の気持ちを相手に伝えることはできません。

それを防ぐには話すときに、音程、間、テンポに変化をつけて気持ちを表現するのが一番簡単な方法です。

次のページに「話すテクニック」のポイントをまとめておきましたので参考にしてください。

四つ目の要素として強弱がありますが、これはレベルが高いので、初心者は必要ありません。例えば、初心者が強弱をつけると、強のときには怒っているように聞こえたり、弱のときには声が聞こえなくなってしまうことがあります。自由に話し方が変えられるようになってから使いましょう。

また、イントネーションなど他の要素もありますが、これも三つのポイントが使いこなせるようになってからで構いません。

ただ、最近の傾向として、若い人たちが言葉のアクセントをなんでも平板読みにしているのが気になります。これでは相手に言葉の意味が正確に伝わりませんので、その点は注意してください。

例えば、次のような単語には要注意です。

話すテクニック

イントネーション	昇調　降調
アクセント	平板型　頭高型　尾高型　中高型
鼻濁音	か゚き゚く゚け゚こ゚
フレージング	句点　読点
アーティキュレーション	滑舌　歯切れ

・社員、社印
・暑気、書記
・柿、牡蠣《かき》

まだまだたくさんの同音異義語がありますね。これらはアクセントを間違えると違う意味になってしまいます。若者同士ではアクセントをわざと平板にして「彼氏」や「彼女」などと呼ぶ傾向がありますが、友達同士の間だけにしておきましょう。

また、略語や業界用語なども知っている人同士ではいいかもしれませんが、それを知らない人もいますので、誰にでもわかる言葉を使うことが大事だと私は思います。

例えば、最近、よく就活や婚活、あるいは妊活などという言葉も使われるようになっていますが、やはりビジネスの現場や相手の年代なども考慮してわかりやすく丁寧な言葉使いを心がけるべきだと思います。

就活は就職活動、婚活は結婚するための活動、妊活は妊娠するための活動と言い換えて話せば誰でもわかります。

短い単語で反復練習

ここで、先ほどの三つのポイントを使いこなす練習方法をお伝えします。

これは私が講座などでお薦《すす》めしているやり方です。短い単語を使って練習をします。

例えば、「わあ、かわいい」という言葉をいろいろな話し方で話してみます。

三つのポイントをそれぞれ変えて話します。

文字ではなかなか説明しにくいのですが、実際に変化をつけて話すと驚くほど違うことがわかります。

・「わあ」をゆっくり話して、「かわいい」を速く話す
↓「わあ〜、かわいい」

・逆に「わあ」を速くして、「かわいい」をゆっくり話す
↓「わあ、か〜わ〜い〜い〜」
・今度は間を取って話す
↓「わあ、〇〇かわいい」
・テンポをゆっくりにして話す
↓「わあ〜、か〜わ〜い〜い〜」

これ以外にもいろいろな話し方ができると思います。
ご自分で工夫してバリエーションを作り、状況に応じて使い分けられるようにしておきましょう。そのときの自分の気持ちに合った話し方ができるのが理想です。これが表現力につながります。

また、話し方以外のノンバーバルな部分での表現力や気持ちの持ち方も合わせて示しておきました（57ページ参照）。参考にしてください。

顔が見えないときこそ「表現力」が必要

以前、私は手話を習っていたときがありました。その理由は、表現力を高めるために、何か参考になることがあるのではないかと思ったからです。

実際にやってみると意外な発見がありました。それは手話は腕や手、上半身を使って、相手にこちらの意図するものを伝えるものとばかり思っていましたが、それは私の思い込みだったということです。

では何が違っていたのでしょうか。それは相手に手話で気持ちを伝えるときには、顔の表情が非常に重要だということです。

わかりやすく言うと、次のようなことです。

表現力を豊かにするポイント

ノンバーバル

■表情

■視線・目線の動かし方

■姿勢

■ボディランゲージ（身振り手振り）

■立ち居振る舞い

■服装

■髪型

■メイク

気持ち

■その時の情景を思い浮かべる

■その時の心情を思い出す（想像する）

■距離・人数・部屋の大きさに合わせる

■その場にいる特定のひとりに語りかける

・悲しい気持ちを伝えるとき→悲しい表情をする
・楽しい気持ちを伝えるとき→楽しい表情をする
・怒っている気持ちを伝えるとき→怒った表情をする

つまり、伝える手話の内容に合った顔の表情をしないと正確には伝わりにくいということです。

みなさんも経験されたことがあると思います。こちらが相手に失礼なことを言ってしまった、あるいは何か悪いことをしてしまい、謝罪の言葉を伝えたとき、相手が「気にしないでください」と言ったとしても、顔が笑っていなければその言葉は本心ではないとわかりますね。

これと同じことが手話の場合も当てはまります。手話で伝える内容と顔の表情が合っていなければ、やはりその手話は正確には伝わりません。それを見た相手も、手話の内容が本当なのか、顔の表情が本当なのか、迷ってしまいます。それほど顔の表情は重要なのです。

ときどき路上で携帯電話で取引先と話している人が、頭を何度も下げて謝罪の言葉を伝えている光景を見ることがあります。相手が目の前にいないのに、ペコペコ頭を下げてしまうのです。

これなども自然に身体が反応してそのような行動を取るのですが、それは心から相手に気持ちを伝えるときには不可欠な要素といってもいいと思います。

私が手話の講座で学んだのはまさにこのことでした。

相手の顔が見えるときはもちろんのこと、相手の顔が見えないときでも話の中身と表情やジェスチャーが一致しないと、それが声にも「話し方」にも出てしまいます。

ブスッとした表情ならばブスッとした声になります。そして、それは顔が見えなくても伝わります。謝罪の言葉を話しているのに、椅子にふんぞり返って足を組んでいるようでは、相手に誠意は伝わりません。

私は企業向けの研修のときに必ず言うことがあります。

それはたとえ役職についていない一人のサラリーマンでも、取引先やお客様と接しているときは会社の顔になる、会社の代表として接していることになるということです。

たった一回の失敗でもその責任は社長にまで及ぶことがあります。相手が担当者の謝罪だけで納得してくれればいいのですが、そうでない場合は「社長を出せ！」「責任者を出せ！」ということも珍しくありません。

携帯電話で頭を下げながら必死に謝っている人は、そのことをきちんと理解している人です。それは無意識であっても相手に伝わります。ですから、逆にそれを意識して自分でコントロールできればもっと相手に伝わります。

言葉と表情、態度を一致させないと、こちらの誠意は相手に伝わりません。そのことを肝に銘じておいてください。

電話で話すときは鏡を見る

ここで私が実践している、表現力を高める簡単な方法をご紹介します。その方法とは鏡を使ったものです。

デスクの上に小さな鏡を置いておき、電話のときはその鏡を見ながら話すようにします。

相手と話すときにブスッとした顔になっていないか、楽しいときには楽しい顔、悲しいときには悲しい顔、謝罪のときには申し訳ない顔になっているかをチェックします。

相手の顔が見えなくても、こちらの顔の表情が話の内容に合った顔をしていないと、それが伝わってしまいます。それを防ぐためにも日頃からのチェックが大切なのです。

この方法は鏡があるところでする方法ですが、外出先でも顔が映る場所があれば利用してください。私は司会の現場でも、笑顔チェックのために司会台には手鏡を置いています。

このような実践を積み重ねることで、意識しなくても話の中身と同じ表情、ジェスチャーが自然にできるようになります。

メール時代の「表現力」とは何？

現代は電話よりメールが活躍する時代です。急ぎの場合は電話に頼ることが多いですが、通常はメールでやり取りするケースがほとんどです。そのため、メールでも相手に好感を持ってもらえる伝え方を知っておく必要があります。

方法はいろいろありますが、私がお薦めするのはクッション言葉です。これはこちらの気持ちを丁寧に伝えることにつながります。普通の文章にひと言つけ加えて相手の心に語りかけます。

例えば、次のような言葉がよく使われます。

・「申し訳ありませんが、……」
・「お忙しいとは思いますが、……」

・「恐れ入りますが、……」
・「お手数ですが、……」
・「ご面倒をおかけしますが、……」
・「大変恐縮ですが、……」

このような言葉は相手に何かお願いをしたり、頼みごとをするとき、あるいは反対の意見を言うときに使うととても効果的です。直接、言うと角が立つ場合でも、このような言葉を挟むと表現が柔らかくなり、相手の気持ちを尊重する気持ちが伝わります。

ただし、あまりに多用するとわざとらしくなったり、こちらの言いたいことが伝わらないことがありますので、その辺は注意が必要です。

とくにビジネスでの会話では、さまざまな状況で使われていますので、みなさんも知っておくと非常に役に立つ言葉です。

上手に利用して表現力を磨きましょう。

効果的な目線の使い方

私が人と話すとき、いつも注意していることがあります。それは相手にストレスを与えない「話し方」をすることです。

好感度が高い人と話していると、何の負担もかからないだけでなく、話していて気持ちがとても楽だったり、自然な会話がスムーズにできていることに気づきます。

いくつかの要素が重なり合ってそのように感じるのですが、その理由の一つに目線の使い方があります。

人と会話をするときは目を見て話す、そのようにみなさんは教わってきたと思います。人と話すときに相手が横を向いたままだったら、誰でも気分が悪くなりますよね。ですから、その教えは間違ってはいません。しかし、誰彼なしにじっと目を見つめて話すのはどうでしょうか。ストレスを感じませんか？

人にはいろいろなタイプがあります。人と話すのが大好きな人、逆に苦手な人。あるいは、活動的で積極的な人、逆にどちらかというと受け身な人……。目を見て話すのが平気な人ももちろんいますが、それを続けるとストレスを感じる人も意外にいるものです。

そのような人には、ストレスをかけない目線の使い方をしてあげましょう。そうすると相手も楽になり、自然に話ができるようになります。


初対面の人でも数分、話をすると相手のタイプがわかります。

もし目をずっと見続けても平気な人であればしばらくはそのまま話し、ときどき話の途中でさり気なく目線をそらす程度でいいでしょう。しかし、逆に目線を合わせるのが苦手な相手だと思ったら、基本的に目線をそらしながら話し、ときどき目線を合わせるくらいがちょうどいいと思います。

話し上手な人はそれを経験上、無意識のうちにやっています。たかが目線と言わずに、相手にストレスがかからない話し方を心がけてください。

相手の心をつかむコツ

相手が気持ちよくなる「話し方」、相手から好感を持たれる「話し方」、その究極の技ともいえるものがあります。

それは相手の話を聞くこと、聞き上手になることです。これが最短で相手に気に入られ、相手の心をつかむコツです。

どんな人でも自分のことを話し、それを相手が聞いてくれると気分が良くなります。その理由は相手が自分の話に共感してくれている、興味を持ってくれていると思うからです。人は自分の意見を受け入れてくれる相手に好感を持つものです。

商売で接客をする場合も、自分がベラベラ話すのではなく、できるだけお客さんに話をさせるほうがうまくいくと言われます。これもお客さんを気持ちよくして商品を買っていただく、あるいは気分よく飲んでいただくようにするための条件といえます。

　では、もし相手があまり話さない人の場合はどうすればいいでしょうか。なかには無口な人もいると思いますが、そのような相手にはこちらから質問をするようにします。内容は一般的な話題で構いません。

「最近はお仕事はいかがですか。お忙しいですか？」

「今日はわざわざありがとうございます。車は混んでいませんでしたか？」

　相手との関係によって多少は変わってきますので、そのときの状況や相手の興味がありそうな話題を見つけて話しかければＯＫです。相手が話し出したらこちらもそれに応え、同調して話を続けるようにします。しばらく会話をしていれば、そのうちに相手の緊張も解けていきます。

　聞き上手は話し方の一部だと考えて相手と接しましょう。

　また、質問の仕方も、覚えておくといいでしょう。

質問には大きくわけて次の2種類があります。

オープン・クエスチョン

クローズド・クエスチョン

一つめの、オープン・クエスチョンは、答えが決まっていない質問です。

「週末の温泉旅行、どうだった？」

この質問に対する答えは、一つではありません。温泉についてなのか、旅館についてなのか、お料理についてなのか、答えは決まっていません。答える側が自分の考えで自由に答えるもの。これが、オープン・クエスチョンです。

二つめの、クローズド・クエスチョンは、答えが決まっている質問です。

「週末の旅行は、どこの温泉に行ったの？」

この質問に対する答えは決まっています。実際に行った場所は決まっているからです。

「温泉へは電車で行ったの？　車で行ったの？」

「温泉旅館での晩御飯は何を食べたの？」

といった質問も答えが決まっています。

初対面の相手に最初に質問するなら、クローズド・クエスチョンのほうが、相手も答えやすいでしょう。そこから徐々にオープン・クエスチョンも織り交ぜて質問していくようにします。このように、2種類の質問の方法を使い分けると、会話がスムーズに進みます。

自分の秘密を話して親密度を強調する

聞き上手になる方法の他にも、相手の心をつかむ技があります。それが自己開示と呼ばれるものです。自分の個人的な考えや悩み、話題を相手にあえて話して二人の関係を親密にするやり方です。

人はプライベートなことは親しくない人には話しません。逆に隠すのが普通です。そこを逆に捉えて親しいから話す、信頼しているから話すのだと思わせれば成功です。

秘密を共有することで二人の関係は特別なものになります。それが相手の心とつながることになります。

ただ、この場合、注意が必要なのは、相手にとって重荷にならない程度の秘密であること、そしてこちらのプライベートを話しても聞いてくれる相手かどうか、その判断が大切です。

親密度をアップさせたいからといって、誰にでも自分の秘密を話していいわけではありません。なかにはそこまでのつき合いはしたくない人もいるでしょう。相手との関係、相手のタイプを見極めてから実行してください。

それほど親しくない相手から個人的な話を打ち明けられても、反対に引いてしまうケースもあります。そこは臨機応変に対応してください。

基本は聞き上手に、ときには自己開示を駆使して相手との距離を縮め、相手の心をつかみましょう。

第2章

人生を変える話し方②
「アガリ症」の克服法

「緊張」と「アガる」は違う

アガり症で悩んでいる方は多いと思います。

「人前で話をしようとしたら、緊張で頭の中が真っ白になってしまった」

「緊張して、思ったことの半分も話せなかった」

そんな話をよく聞きます。

みなさんが誤解をしている点をまず指摘しておきます。それは緊張するのは悪いことだ、良くないことだと思っていることです。

これは完全な間違いです。適度な緊張感は必要です。アスリートでもピアニストでも、あるいは俳優であっても、緊張感がなければパフォーマンスがだらけてしまいます。

私の場合も、司会をするときにはいつも緊張しています。その緊張感があるからこそ、メリハリのある仕事ができると考えています。

適度な緊張とアガることとは、まったく違います。

では、アガるとはどんな状態なのでしょうか。これは緊張が極限にまで達し、自分をコントロールできなくなった状態のことです。

アガると、考えることも話すこともできなくなり、自分を見失って何をやったらいいかすらわからなくなります。ひと言でいえば、頭の中が真っ白になってしまうのです。

緊張はしていてもアガらずに、自分をコントロールできる状態でいること、パフォーマンスができる状態をキープしていることが理想です。

アガり症を防ぐためには場慣れすることも大事ですが、それと同時にアガらないための対策、努力が必要です。

まずは緊張することが悪いのではなく、緊張がマックスになってしまい、自分をコントロールできなくなる――アガる状態が良くないのだと理解してください。

そもそも「アガっている」とはどういう状態なのか

次にアガっている状態について、私なりの解釈を述べておきます。これがわかると、その対策法も見えてきます。

一般的には、自分をコントロールできない状態、自分を見失って頭の中が真っ白になった状態を「アガっている」と言いますが、それをもっと具体的に捉えてみたいと思います。

そもそも何が「アガっている」のでしょうか。次の二つがアガっていると考えられます。

1　息が上がっている

息が上がる、いわゆる呼吸がきちんとできない状態です。これがアガる原因になります。

日常生活で息をするときには三つの段階があります。

①　胸式呼吸

通常、人は胸式呼吸をしています。いわゆる胸を使って息を吸い、息を吐いています。このときは胸部が上下しています。これが普通の状態です。

②　腹式呼吸

これは話したり、歌ったりしているときの呼吸の状態です。息を吸ってお腹に入れ、そしてお腹から息を吐くイメージですね。深くて長い呼吸です。腹筋を使います。このときは下腹部が上下しています。

みなさんも実際に意識して行ったことがあると思います。息を整えるときによく用いられる方法です。深呼吸をするときもこの呼吸法を行います。

③ 肩呼吸

これは運動をした後の呼吸です。全身を使って呼吸をしていますから、肩が上下しています。「ハア、ハア」と浅く、短い呼吸です。これが息が上がった状態です。アガって頭の中が真っ白になったときも、これと近い状態になっているはずです。

これがわかれば「アガっている」、つまり息が上がった状態の呼吸を、話ができる状態の呼吸に戻せばいいわけです。

方法としては、肩から胸、腹とだんだん下に向かって、肩呼吸から腹式呼吸に戻すようにします。みなさんも緊張したときや運動の後に深呼吸をしますね。その狙いは、呼吸を平常の状態に戻すことにあります。

ただこのときに注意点があります。普通、深呼吸をするときは、深く息を吸ってから息を吐くと教えられますが、これは間違いです。なぜなら、肺に空気が入っているままで、深く息は吸えません。

正しい方法は、先に息を吐くのです。呼吸の「呼」は「吐く」、「吸」は「吸う」ですから、文字どおり、呼吸というのは吐いてから吸うのが基本です。吐くときは口から全部息を吐き切るようにします。そして吐き切ったら、鼻から思い切り息を吸います。それをゆっくり繰り返します。

これにより、次第に呼吸が整えられ、気持ちも落ち着いてきます。

2　気が上がっている

二番目が気です。これは目に見えませんから、信じない人もいるかもしれませんが、私は大切に思っています。

「気」を丹田《たんでん》に持ってくる

気が上がると、先ほどの息と同じように物事を冷静に判断できなくなり、自分をコントロールできなくなります。いわゆる「テンパった」状態です。

それを防ぐには気を、へそから指三本程度下の辺りにある、丹田《たんでん》というツボに持ってくるようにします。ここに自分の意識を集中するイメージをするのです。そうすると、落ち着きを取り戻すことができます。

丹田は身体の中心です。気が丹田より下に行き過ぎるとやる気がなくなり、上に上がり過ぎると今度は落ち着きがなくなってしまいます。上がり過ぎてもダメ、下がり過ぎてもダメ、ちょうどいい加減が丹田になります。

座禅を組むときでも、あるいはスポーツなどでも心を落ち着かせ、意識を集中させるときにも同じように、この丹田に気を持っていくようにします。


気というのは見えはしませんが、中国などでは非常に重要視されています。気功なども気を入れたり出したり、巡らしたりして治療を行ったり、身体の調子を整えたりします。

人気がある、人気がないなどという言葉も、その人の出す気のことを言っているのかもしれません。良い気を出す人には人が寄ってくるので人気があるといい、逆に悪い気を出す人には人が寄ってきませんから、人気がないということなります。

実際に気が良い人に会ったり、話したりすると気分が良くなり、一緒にいたくなります。反対に気が悪い人に会うと気分も悪くなり、側から離れたくなります。

また、ネガティブな人は悪い気を出すことが多く、ポジティブな人が出す良い気よりも強い影響力があります。そのため、ネガティブな人が出す悪い気を受けてしまう場合が多く見られます。あまり好きではない人と話した後、気分が悪くなるのもその影響といえます。

気は人間には見えませんが、空気感として存在しています。それはそこにいる人間が出しているもので、その場の空気に反映されています。場の空気が良い、悪いというのもその例です。

みなさんも実際に試してみるとわかりますが、自分の中にある気を丹田という身体の中心に持ってくることで落ち着きが得られ、集中力も高まります。アガらないようにするためにだけでなく、日頃から気を丹田に置くように練習することをお薦《すす》めします。

目には見えませんが、気は人間の日常生活には欠かせない役割をしていると思います。日頃から意識しておくといいでしょう。

いきなりプールに飛び込んでも泳げない

以前、元吉本興業で故横山やすしさんのマネージャーをしていた大谷由里子さんの講演を聞く機会がありました。そのとき、彼女は芸人を長く見てきた立場から、次のようなことを言っていました。

「吉本のお笑い芸人は、若手、ベテランを問わず、ネタを作り、アドリブまで考えて、それを何百回も繰り返し練習している。だから面白い。素人が練習もせずにパッと出てきて、面白いわけがない。ウケるわけがない」

これは話すときも同じことがいえると思います。いくら日本語を毎日、話しているからといって、面白い話や、人を感動させる話がすぐにできるわけがありません。いきなりプールに飛び込んでも泳げない、いきなりゴルフのコースに出ても良いスコアが出るわけがないのと、理屈は同じです。

私はこのことをわかってもらうために、講座の参加者にあることをしてもらっています。それは講座が始まる前に、参加者に自己紹介を兼ねたスピーチをしてもらうのです。そして、それを録画しておきます。

急に人前で話すことになった参加者は、しどろもどろになってしまいます。なかにはすんなり話せる人もたまにいらっしゃいますが、ほとんどの人はきちんと話すことはできません。録画を見て、自分で落ち込む人がほとんどです。

その後、講座を受けてもらってから、最後に再度スピーチをしてもらいます。これも録画しておきます。そして、その録画を見てもらい、自分の上達した姿を実感してもらいます。

この経験によって、参加者はいかに練習が大切か、スキルが重要なのかを理解することになります。

話し方には技術、スキルが欠かせません。いくら日本語を話しているからといって、何でも話せるわけではないのです。

そこをくれぐれも勘違いしないようにしてください。

アガらないための一番の近道

おそらくみなさんが一番知りたいのが「アガらない方法」ではないでしょうか。アガらないための簡単な方法があれば、誰でも知りたいと思うはずです。

私が出す答えはコレです。

「特効薬はナシ」

期待されている人には申し訳ありませんが、残念ながら、そのような方法はありません。

例えば、巷《ちまた》で言われている方法はどうでしょうか。

「人という字を手のひらに3回書いてそれを飲み込む」

よく聞く言葉ですね。しかし、実際の効果はどうでしょうか。このようなことをする時点で、すでに自分がアガりやすいこと、あるいは、すでにアガっている状態を認めてしまっているため、効果は期待できません。逆に、自分で自分をアガる状態に追い込むだけです。

「観客をじゃがいもと思え」

これもよく聞きます。アガるケースというのは、圧倒的に大勢の前で話をするときに起こる現象ですから、目の前にいる観客を人間とは思わなければいいという発想ですが、これも効果はありません。

観客と自分との間のコミュニケーションを無視した状態になります。逆に、観客をしっかりと見たほうが気持ちは落ち着きます。

では方法は何もないのでしょうか。最初にガッカリさせてしまいましたが、方法はもちろんあります。ただ特効薬ではなく、簡単ではないというだけです。その方法とは、

「事前準備に尽きる」

これしかありません。答えとしては当たり前かもしれませんが、やはりこれが一番のアガり症対策です。

みなさんがパニックになったり、アガったりするのは、どのようなときでしょうか。例えば、

・勤めている会社で、皆の前で急にスピーチをしろと言われた
・取引会社との打ち合わせで予定にないコメントを求められた
・異業種交流会で突然、自己紹介をしてほしいと頼まれた

このような事例があると思います。さらには、普段はやったことのないスピーチを頼まれたとき、例えば、結婚披露宴での祝辞や挨拶などもそのなかに入るでしょう。

このような状況でも慣れている人は慌てずに話すことができますが、慣れていない人はまず間違いなくアガってしまいます。

家族や親しい友だちと話すときはアガらない

なぜアガってしまうのでしょう。逆を考えれば、その理由がわかります。

例えば、

・自分の家に帰ってきた父親が子どもの前で話すとき
・社長が社員を前に話すとき

そのようなときにアガる人はあまりいません。それは日常的に話をしていて慣れているからです。いわゆる想定内だからです。

アガるのは、想定外の出来事が起きたときです。

そのとき、ほとんどの人はアガってしまうのが当たり前です。決してあなただけがアガるわけではありません。

結婚披露宴でのスピーチを事前にお願いされていても、きちんと準備をしていなければ、たいていの人はアガってしまいます。準備をそれほどしなくても話せる人は政治家や学校の先生であったり、芸能人やタレントなどのいつも話をするのに慣れている人です。

一般の人はそうはいきませんね。そのため、前もっての準備が必要になります。ビジネスマンであれば、いざというときを想定して、たとえ頼まれていなくても準備をしておくことです。

自己紹介などはビジネス用、プライベート用など、鉄板ネタを2パターンくらいは用意しておくと、どんな場面でも上手にクリアすることができます。とくに管理職になると人前で話すことが増えてきますので、自己紹介はもちろんのこと、普段からいろいろな場面を想定して話すトレーニングをしておくことが必要です。

また、制限時間内で話を収めるのにも技術がいります。人が普通のスピードで話せるのは、だいたい1分間に300文字くらいの分量ですから、これも時計を見ながら練習しておくといいでしょう。

有名人や講演のプロでもない限り、一人で1時間も2時間も話すことはありませんから、だいたい1分から長くても3分くらいのスピーチができればOKです。

鉄板ネタの習得とともに時間配分にも気をつけて練習をしてください。ある程度、話せるようになってくれば、後は自分なりのバリエーションをつけられるようになってきます。

頭の中が真っ白になったらこの切り抜け方

頭の中が真っ白になったときの対処法は、そうなったときに使える原稿を用意しておくこと——やはり事前準備、それに尽きます。

もちろん、基本的には原稿を見ないでも話せるように練習はしておきます。何回も何回も練習をして、言葉が自然に浮かんでくるようになるまで繰り返します。それくらいの努力は惜しんではいけません。

しかし、そうは言っても、本番になるとうまくいくとは限りません。途中で覚えていたはずの中身をすっかり忘れ、頭の中が真っ白になって冷や汗をかくこともよくあります。

そのような場合、手元にわかりやすい原稿があれば窮地を切り抜けることができます。また、原稿があること自体で安心できる効果もありますから、見ないですべてを話せると思っても用意しておけばそれが保険になります。

なかにはいくら練習しても原稿を覚えられない人がいるかもしれません。

そのような人は無理をせず、原稿を読めばいいと私は思います。頭の中が真っ白になって話せなくなるくらいなら、最初のうちは原稿を準備しておきましょう。

私も司会者としてデビューしたての頃は、話す内容を一言一句すべて書いた原稿を準備していました。

原稿を読むときの注意点

原稿を読むときは下を向かなければいけませんが、ずっと下を向いたままでは良くありませんね。聞いている人に不快な印象を与えない配慮が必要です。

数秒間、下を向いて原稿を読んだら、ときどきは顔を上げて正面を向くようにします。文章が、句点（。のこと）で切れたときに顔を上げるくらいでいいでしょう。

また、原稿の読み方にも工夫が必要です。いわゆる棒読みにならない話し方、感情のこもった話し方にするのがベストです。

この本にはそのためのノウハウが詰まっていますので、本をすべてお読みになってから練習されるといいでしょう。詳しくは次の章でお話しします。

まったく原稿を見ないでスラスラと話せるようになるまでには、かなりの時間と経験が必要です。

原稿の作り方には工夫が必要

では、スピーチ用の原稿は、どのようなものを用意すればいいのでしょうか。ここで原稿の作り方のコツをお教えします。

例えば、アナウンサーがニュースを読むときの原稿は、大変読みやすい工夫がされています。

ポイントは三つあります。

1　文字は大きく
2　行間は広く
3　文章の切りのいいところで改行する

みなさんも実際にアナウンサーが使っている原稿をご覧になると、その文字の大きさに驚かれると思います。Ａ４紙に縦書きで10行もないのではないでしょうか。それほど文字は大きく、行間も広くとっています。

アナウンサーが次々に原稿をめくっているのを見て、速いと思われませんか。それは文字が大きく、行数が少ないため、すぐに原稿を読み終わってしまうからなのです。当然、原稿の枚数は多くなります。

テレビでは、プロンプターといって、話し手の視線の高さに、原稿を映し出したモニターを置き、それを見て読む方法を使うことがあります。その際、人の目の動き方は上下に動くほうが自然に見えるので、文章は縦書きにすることがあります。

行間を大きく広げる理由

では、なぜ行間を大きく広げ、行数も少なくしているのでしょうか。その答えの一つは、みなさんもおわかりですね。当然、読みやすくするためです。小さい文字ですと何が書いてあるか、わからなくなる可能性があります。

そして、実はもう一つ、大事な理由があります。それは原稿を読んでから顔を正面に上げ、再び、原稿に目を戻したときに、どこまで読んだのか、わからなくなるのを防ぐためです。文字が小さいと、今読んでいた箇所に戻れなくなるのです。

このように、細かい字であったり、行間が狭いと、次に読む場所をすぐに見つけられなくなります。それを探していると間が空いてしまい、話の流れもそこで中断してしまいます。

こうなると自分自身も焦《あせ》ってしまいますから、せっかく落ち着いて読めていたのがムダになってしまいます。

それを防ぐためにも文字は大きく、そして行間も広くするのです。

また、もう一つ、切りのいいところで改行をするのは、読んでいる文章の途中で妙な間を作らないためです。ですから、文章や単語の途中では改行はしません。

アナウンサーのなかには指で文字を追ってそれを防いでいる人もいます。演台などがあり、片手が自由に使えるならば、その方法を取り入れてもいいでしょう。

私も、現場で「少し読みにくいなぁ」と思う原稿を手渡された場合などは、片手にマイク、片手の指で原稿を追って読むことがあります。

ぜひともお試しください。

第3章

人生を変える話し方③
伝える技術

何を話すかよりもどう話すか

第1章で、「話し方」を含めた表現力が大事であるというお話をしました。本章ではこのことについて詳しく説明していきます。

メラビアンの法則にもあるように、人は相手が話している内容をそれほど明確には覚えていないことのほうが多いのです。それよりも見た目や相手の印象、性格などをより鮮明に記憶しています。

これを別の角度から考えてみますと、話す内容よりもどう話すかのほうが重要だということです。例えば、社長が話すのか、入社一年目の社員が話すのかでは、受け取り方がまったく違ってきます。これも話す人が持っている表現力の差によるものです。

このことからもわかるように、話の内容はもちろん大事ではありますが、それよりも、いかに表現するかにウエイトを置いて話をしてほしいと思います。表情や身振り、手振りなど、身体全体を使って表現してください。

せっかく素晴らしい話をしているのに、話の内容が心に残らないケースがよくあります。その原因は、

・ボソボソ話している
・聞き取りにくい
・話す態度が悪い

などがあります。本人はそのことに気づかず、きちんと伝わっていると思っていますが、話を伝えるということは簡単なことではありません。

みなさんも講演会に行かれたとき、良いことを言っていると思っているのに眠くなったことがありませんか？　これなども話し手の言葉が聞き取りにくかったり、ボソボソと話していることが原因だったりします。

逆にそれほど内容はなくても、印象が残るタイプの話し手がいます。例えば、

政治家です。彼らはある意味で話すことのプロですから、聞き手にいかにアピールするか、いかに印象に残るように話すかを常に心がけています。

とくに優れているのがアメリカの政治家で、それこそありとあらゆるところをチェックして表現力を磨いています。

・ネクタイの色、髪型
・姿勢、目線
・ボディランゲージ

彼らには専門のスタイリストがついています。ケースバイケースで、さまざまな工夫がされています。日本の政治家が演説や討論のときに赤いネクタイをするようになったのもアメリカの政治家の影響ですね。

もちろん、基本になる演説の原稿もプロのスピーチトレーナーがついてチェックしています。何をどのように訴えればアピールできるか、最初に何を言って最後は何で締めくくるかなど、一人で演説をするときはもちろんのこと、相手がいる場合でも引くところと押すところをどう使い分けるかなど、実に多くの工夫、作戦が練られています。

私たちは日本人ですから、アメリカ人のやり方をすべて見習う必要はありませんが、良いところは取り入れて、あとは自分なりの表現を身に着けてほしいと思います。

自分だけの原稿作りが重要

私が長年、司会業をやっていて感じたことがあります。それは、自分が作った原稿を読む場合と、他人が作った原稿を読む場合では、難易度が全然違うということです。

その理由は明確です。それは他人が作った原稿には自分の感情が入っていないからです。

自分で原稿を書いていれば、当然それは自分の思いですから、内容は頭に入っていますし、一番強調したいところもよくわかります。どこが最も大事で、結論はどこかもわかります。そのため、感情をどこに込めれば相手によく伝わるかもわかります。

逆に他人が作った原稿は棒読みになりやすく、プロの人はそれを技術で補えますが、一般の人には難しいと思います。

テレビなどでアナウンサーがニュースの原稿やナレーションなどの原稿を、自然に読んでいるのを目にしたとき、みなさんはどう思いますか。原稿があるから簡単だと思われるのではないでしょうか。しかし、実際はそうではありません。他人が作った原稿に気持ちを乗せて読むのは非常に難しく、技術が必要なのです。

そのような理由から、原稿は自分で作ることをお薦《すす》めします。そのほうが感情を入れやすく、気持ちを上手に表現することができます。

作り方は第2章のアガらないための方法でもお伝えしましたとおり、文字を大きく、行間を広く、文章や単語の途中で改行しない、を心がけてオリジナルの原稿を作成してください。今はパソコンがありますから、手書きよりも読みやすい文字で大きく作ることができます。

また、強調したい文字や文章は色を変えたり、その部分だけ文字をさらに大きくしておいてもいいでしょう。やり方は自分なりの方法で構いませんので、読みやすいように工夫をしておくことが大事です。

司会台や講演台があるときにはそこに原稿を置き、めくりながら話を進めます。テレビのアナウンサーがやっているのと要領は同じですね。簡単なスピーチならば覚えておいてもいいでしょうが、長くなる場合は遠慮せずに、原稿を読みながら感情を入れて表現するようにしてください。

単調にならないように工夫をする

原稿の文章を作るときには、何に注意をすればいいでしょうか。それはできるだけ単調にならないようにすることです。

私は結婚披露宴の司会をしていますが、そこで先輩に言われたことがあります。それは同じ言葉を繰り返し使うと話が単調になってしまうということです。例えば、よく使う言葉に「拍手をお願いします」というのがあります。みなさんもお聞きになったことがあるでしょう。

しかし、そればかりを何回も使うと単調になりますし、プロとしても芸がありません。そこで考えたのが次のような言葉の使い方です。

・「大きな拍手をお願いします」
・「温かな拍手をお送りください」
・「祝福の拍手をお願いします」
・「盛大な拍手をお寄せください」

いかがでしょうか。少しの違いですが、それでも単調さが消え、メリハリがつくと思いませんか。このように同じ内容の言葉でも表現や言い回しを変えるだけで単調ではなくなります。自分なりのパターンを作り、それを使い分けるなどの工夫をしてみてください。

ヒントとして、接続詞の使い分けを考えてください。これだけでもかなり印象が変わってきます。

接続詞にもいろいろなものがあります。例えば、逆説の場合の接続詞に「しかし」があります。みなさんもよく使われると思いますが、同じ意味の接続詞が他にもたくさんあります。

・「ところが〜」
・「けれども〜」
・「でも〜」

これらを使い分けるだけでも、印象はずいぶんと違ってきます。

同様に同列の接続詞には「すなわち」「つまり」「要するに」などがあります。人には使い方のクセがありますから、同じ言葉を繰り返し使わない努力が大切です。

次のページに一覧表を載せておきますので参考にしてください。

他人が作った原稿には必ず手を入れること

では、他人が作った原稿を読むときにはどうすればいいでしょうか。その場合は必ず下読みでチェックをして手を入れます。どんどん書き込みましょう。

渡されたときに、最低、2回は下読みをします。

・1回目→黙読
・2回目→音読

参考資料：接続詞の種類

順接 前の事柄が原因・理由となって、後の事柄が結果・結論となる。

「だから」「したがって」「そこで」

「それで」「よって」「すると」


逆説 後の事柄が前の事柄に反する。

「しかし」「ところが」「だが」「けれども」

「でも」「が」「それなのに」


添加 前の事柄に付け加える。

「そして」「さらに」「しかも」「なお」

「それに」「また」「そのうえ」「ならびに」

対比 前の事柄と比べる。
「または」「それとも」「あるいは」「もしくは」

転換 前の事柄と話題が変わる。
「さて」「ところで」「では」「それでは」「ともあれ」

同列 前の事柄と同じようなこと。
「すなわち」「つまり」「要するに」

補足 前の事柄を補足する。

「なぜなら」「というのは」「ただし」

「もっとも」「ちなみに」

まず1回目の黙読では、その原稿に何が書いてあるのか、内容を理解します。続いて2回目の音読では、噛《か》みやすい言葉、言いにくい言葉はないかをチェックします。

こうして注意点を原稿にメモしていきます。わかりにくい表現や変えたほうがいい文章、文字があったときには修正していきます。

また、どこで切ったらわかりやすいか、読みやすいかを考え、読点（、）や句点（。）の位置も自分が読みやすいように変えていきます。

基本的には、自分で原稿を作る要領と同じです。他人の作った原稿をできる限り、自分の原稿に近づける作業です。慣れてくると自分なりのパターンが出来上がってきますので、それに従って手を入れられるようになってきます。

このような下準備が原稿チェックのときには欠かせません。必ず行ってほしいポイントです。

また、オリジナルの原稿が作れるようになり、他人が書いた原稿も自分なりの原稿に変えられるようになると、気持ちにも余裕ができてきて、原稿の先読みができるようになります。これは実際に読んでいる文章よりも先のところへ、目が自然に追えるようになることで、ポイントが先に先にわかり、初見でも失敗が少なくなります。

ここまでくるのはある程度の経験が必要ですが、原稿作成作業をきちんと行っている間に身に着くようになりますので、みなさんも繰り返し練習されるといいでしょう。

地図を持たずに出発するから道に迷う

今度は文章の構成法に進みましょう。スピーチにしても、プレゼンテーションにしても、相手に正確に伝えるには文章の流れ、構成が重要です。それがなければいくら気持ちを込めて訴えても、相手の心にうまく伝わりません。

私が講座をしていて、受講生の方から聞く最も多いお悩みの一つが、「自分で何を言いたいのかわからなくなる」というものです。会社でも、上司などから「で、結局君は何が言たいの？」と言われてしまった経験のある方が多いようです。

そんな方は、文章の組み立て方に問題がある場合がほとんどです。大まかな構成法を学ぶだけで大きく改善されます。

みなさんもどこかへ行くときには目的地までの地図を参考にするはずです。地図がなければどこに行けばいいのか、近道はどこか、どのルートを選べば間違いなく行けるのかなどを判断することができません。家を建てるにも設計図が必ずありますね。これも地図と同じです。

原稿にも地図や設計図にあたるものが必要です。それがこれから説明する構成法です。この構成法に沿って原稿を作成すると見違えるように原稿が良くなります。

構成法にはいくつかのパターンがありますが「PREP法」「箇条書き法」「時系列法」の3種類を覚えておけばいいと思います。

1　PREP法

これは「P（Point＝結論・主張）→R（Reason＝その理由）→E（Example＝具体例・データなど）→P（Point＝結論）」と流れる構成です。

例文を挙げると次のようになります。

P→「私は犬が好きです」
R→「なぜなら、犬は人の役に立ってくれるし、かわいいからです」
E→「例えば、介助犬やドッグセラピーなどでも活躍していますし、ペットとして家族の一員になっています」
P→「だから私は犬が好きです」

このような構成になります。わかりやすいですね。このPREP法が一般的な構成法の代表です。

2 箇条書き法

これは「結論→数→内容→結論」と流れる構成です。これも大変わかりやすいです。

例文を挙げてみます。

結論→「今から夫婦円満の秘訣《ひけつ》をお話しします」
数　→「これには三つの方法があります」
内容→「一つが～、二つ目が～、そして最後の三つ目が～になります」
結論→「これが夫婦円満の秘訣です」

結婚披露宴のスピーチなどで以前はよく使われていた方法です。さすがに今

文章の構成法

PREP法

Point〈結論・主張〉 → Reason〈その理由〉 → Example〈具体例・データ等〉 → Point〈結論〉

私は○○です　なぜなら○○だからです　例えば○○です　だから私は○○です

箇条書き法

結論 → 数 → 内容 → 結論

○○について お話します
それは三つあります
まず一つめは・・・ 二つめは・・・ 三つめは・・・
以上○○について でした

時系列法

結果 → 物事が起こった順番に説明 → 結果

お客様から クレームを いただきました

○月○日○○時、○○がありました。
○月○日○○時、○○しました。
○月○日○○時、○○になりました。

現在○○の状況です。

伝えて(聞いて)おきたい情報

いつ
誰が
どこで
何を
どうした

【5W3H】

1	When(いつ)	日時
2	Where(どこで)	場所
3	Who(だれ)	会社名・氏名
4	What(何)	用件
5	Why(なぜ)	理由
6	How(どのように)	方法
7	How mach(いくら)	金額
8	How many(いくつ)	数

では少し古臭くなっていますが、構成方法としてはとてもわかりやすい流れだと思います。

また箇条書き法の三番目の「内容」を、ＰＲＥＰ法の三番目の「Ｅ」（具体例・データなど）に持っていき、二つの構成法を組み合わせても構いません。両方とも内容を示すものですから、同じになります。

この方法は数を示すことで、聞き手に心構えができ、話の内容が理解しやすくなるというメリットがあります。

3　時系列法

これは、物事が起こった順番に話を構成していく方法です。

事例で説明していきましょう。

結果↓「お客様からクレームがありました」

⇐（以下、物事が起こった順番に説明）

説明①「昨日、クレームの電話があったことを受け、課長に報告をしました」
説明②「それでもお客様の怒りが収まらなかったので、○月○日に部長に報告をしました」
結果↓「現在、社長を出せと言っています」

これなどは何かトラブルが起こったとき、報告する際によく使われる構成法です。クレーム等の報告の際に大切なのは、自分の主観ではなく起きた事実をありのまま起きた順番に話す、ということです。
それぞれの場面にあった流れを汲《く》み取って文章を構成してください。

ここまでで、お気づきかと思いますが、三つの構成法に共通していることは、すべて「結論を先に言う」ということです。まずは結論を言ってから、その後で説明をすることが重要です。
いつまでも結論を言わずに、ダラダラ説明や理由、言い訳を話してしまうから、「で、君は結局何が言いたいの？」となってしまうわけです。

大事な要素は忘れずに

もう一つ注意点をお伝えしておきます。それは文章を書くときに忘れてはいけない要素です。有名なのは５Ｗ１Ｈです。

・Ｗｈｅｎ（いつ）
・Ｗｈｅｒｅ（どこで）
・Ｗｈｏ（誰が）
・Ｗｈａｔ（何を）
・Ｗｈｙ（なぜ）
・Ｈｏｗ（どうした）

最近では、さらに二つのＨをこれに加え、

・How mach（いくら）
・How many（いくつ）

も入れて、5W3Hとも言っています。とくにビジネスの現場でより詳しく説明するには、このような要素も忘れないようにしたいものです。

伝わりやすい話し方

同じ内容を話すときでも、わかりやすい人とわかりにくい人がいます。その違いは何でしょうか。

もちろん、その理由は一つではありませんが、よくある話し方としてセンテンスが長い、文節が長く続いてわかりにくい、などのケースがよく見られます。

いわゆる読点（、）で文章と文章をつなげ、それがずっと続いてしまう「話し方」です。

例えば、次のような場合はどうでしょうか。

「この度のプロジェクトは～ではありますが、一概に～とは言えないケースも含んでおり、かと言って、～の場合も想定しなければならず、結局、さまざまな事例においてそれぞれの対応をする必要があります」

これではいったい何を言いたいのか、まったくわかりませんね。一つの文章の中にいろいろな要素が入り込んでいるため、どれが大事でどれが大事でないのか、さっぱりわかりません。

また、文章が長くなればなるほど、修飾語があった場合、それがどの言葉にかかってくるのかも不明になります。

日本の政治家のなかに多いのが母音を伸ばす話し方です。

「我々のお～、公約はあ～、国民のお～、皆様にい～、安心してえ～、生活をお～、送っていただくう～ためにい～……」

このような話し方が延々と続きます。思わず耳を塞ぎたくなりますね。

若い女性のなかにも、語尾を伸ばしてしまう話し方をする人が増えています。

「だから～、っていうか～、例えば～、こういうのは～」

耳障りなうえ、頭が良いようには聞こえません。仲間同士なら我慢できるのかもしれませんが、そうでないと、とても聞く気にはなれません。

短いセンテンスで簡潔に

では、その逆は何なのか。聞いていてとても気持ちの良い「話し方」、それは短いセンテンスで簡潔に話す方法です。文章をできるだけ短くして、要点だけを絞って話します。

有名なのが小泉純一郎元首相です。彼の話し方は大変簡潔で明瞭です。決してダラダラと言葉をつなぐことはしません。

みなさんの記憶にもあるのが元横綱、貴乃花《たかのはな》がケガを押して優勝したときの彼のお祝いのコメントです。

「痛みに耐えてよく頑張った！　感動した！　おめでとう！」

ここにはいっさいの修飾語もなく、ムダな言葉もありません。簡潔ではありますが、これほど心に響く言葉もないでしょう。

普段ではここまで簡略化するのは難しいかもしれませんが、考え方として、短いセンテンス（文節）で簡潔に話すことを心がけてください。

間を恐がる必要はない

もう一つ、聞きにくい、聞いていて苦痛になる「話し方」があります。それが文章と文章の間に出る「え〜」「あの〜」という言葉です。これは「ムダ言葉」と言って、非常に耳障りです。言葉に詰まったときもそうですし、クセになっている人もいます。

一回のスピーチのなかでも相当使う人もいます。でも、本人はそのことに気づいていません。無意識に使っています。

これを直すにはまず本人の自覚が必要です。そのためには会話を録音しておいて、それを本人に聞かせるのが効果的です。そうすれば、自分の悪いクセがわかり、話すときに直そうと思うようになります。

私は講座の中で、受講生がスピーチをしているのを聞き、何回「え～」「あの～」と言ったか数えています。多い人では、1分間で20回も言う人もいます。それを伝えると、たいていの人は自覚がないので驚きます。

このような言葉を多用する人に共通するのが「間が恐い」という気持ちです。言葉がなくなり、静かになるのが恐いと思う意識です。それを防ごうと、つい「え～」「あの～」と言葉を継いでしまいます。

しかし、間はあったほうがいいと考えてください。話す側も聞く側もお互いに呼吸をする時間が必要です。間はひと息つく時間でもあります。

私は新人の頃、アナウンサーの先輩に「間を恐れるな。間の達人になれ」と教えていただきました。あえて喋《しゃべ》らない間を作ることで、聴衆の意識を引きつけることもできるようになるのです。

「え～」「あの～」などのムダ言葉はぐっと飲み込んで、間に変えてみてください。

ムダな言葉は極力、排除するのが原則です。言葉遣いのクセは、ほとんどが自分ではわからない場合が多いです。仲の良い友だちに指摘してもらうのもいいですし、会話を録音して聞いてみるのでも構いません。

短いセンテンスで、ムダな言葉を省き、簡潔に相手に伝えることが極意です。

1対1と1対100の共通点と相違点

一人の人と話す場合と大勢の人を相手に話す場合には、それぞれ技術的、心理的の両面で共通点と相違点があります。

まず、共通点としては、どちらもそこにはコミュニケーションが成立しているということです。1対1の場合はお互いに話すという会話形式になりますので、コミュニケーションとしてはわかりやすいでしょう。

1対100の場合は、話す側が一方的に話し聞く側は聞くだけ、と思いがちですが、そうではありません。聴衆の中には、興味深くうなずきながら話を聞いている人もいれば、つまらなさそうにしていたり居眠りをしている人もいるでしょう。つまりそこには、表情や態度などによる——言葉を使わずに表現するノンバーバル（非言語）コミュニケーションが生まれているのです。ですから、大勢の人前で話す場合は、聞き手の様子を見ることも大切です。

次に、相違点はどんなことでしょうか。それは距離感、空気感です。

物理的に相手との距離が違います。1対1の場合でしたら、離れていても1メートルくらいでしょうが、それが1対100ともなれば、近くにいる人でも数メートル、遠くの人ならば数十メートルも離れていることがあります。こうなると、同じコミュニケーションといってもかなりの違いが生じてきます。

そこでどのような点を注意すればいいか、解説していきましょう。

1対1の場合

相手は近くにいますから、声はそれほど大きくする必要はありません。不快にならない程度のボリュームで結構です。キャッチボールで、ボールを近くにそっと放るくらいのイメージです。

表情や身振り、手振りもとくに大きく強調する必要はありません。

目線は前の項目でもお話ししましたが、基本は目を見ながら話し、ときどき外します。ただ、相手のタイプにもよりますので、あまり目を見て話さない相手の場合はときどき見るくらいに留めます。

1対100の場合

こちらは、講演会で話す機会や、大きな会議などで広いスペースで話すとき、結婚披露宴などでスピーチをするような事例です。コミュニケーションのとり方も、1対1のときとは大きく異なります。

声は大きめに、そしてゆっくりと話します。キャッチボールで、ボールを遠くへポーンと投げるイメージです。マイクを使っているとしても、普段よりは少し大きめの声で話し、身振り、手振りも大きくゆっくり動かすようにします。

一番の注意点はどこを見て話すかです。何しろ相手が大勢ですから、一人一人を見て話すのは難しいですね。人の顔を見るとかえって緊張してしまうという方も多いでしょう。

そこで方法として、二つの技術をお教えします。

Z目線か、うなずき君を探すか

一つはZ目線です。講演会などの大きな会場では、聴衆は横に並んでいる席に座って話を聞きます。

そのときの目線をどうするか。慣れてくれば自分なりの目線の使い方でいいのですが、そうでない人は、いきなり大勢の観客を見るとアガってしまいますので、自分の視線の真っすぐ先、正面の壁を見ます。

しかし、そこだけを延々と見ているのも不自然です。そこで、会場の最後列左端から視線を真横に右に走らせ、そこから対角線上に左手前に向かって視線を動かします。そこから真横に右に向かって再び視線を動かします。これがZ

目線です。アルファベットのZの形に動かすのでそのように呼んでいます。

もう一つは、うなずき君に語りかける方法です。うなずき君は、会場内に必ずいます。

話し手の言葉に対し、合わせるようにうなずいている人を見かけませんか？これがうなずき君です。このような人を見つけたら、その人に向かって語りかけるようにします。

しかし、一人だけをずっと見ているのも不自然なので、別のうなずき君も探します。１００人もいればうなずき君は結構見つかります。うなずき君との間に、「私の話を聞いてくれている」というコミュニケーションが生まれるので、安心感が得られ、話し手の心も落ち着くという心理的効果もあります。

どちらの方法でも構いませんので、試してみてください。経験を積み重ねれば余裕もできてきて、自分なりの目線の動かし方もできるようになります。

第4章

人生を変える話し方④
滑舌を良くする方法

理想の話し方とは？

ここでもう一度、みなさんの理想とする話し方を確認しておきたいと思います。ご自分でどのような話し方をしたいのかを、はっきり認識しておくことは大切です。

私は講座をスタートさせるときに「あなたはどのような話し方をしたいですか？」と聞きますが、その理由は自分の理想とする話し方が明確になれば、そこに近づいていけるからです。

ところが、意外なことにその問いにすぐに答えられる人はいません。だいたいの人が考え込んでしまいます。

なぜなら、「上手に話せるようになりたい」と漠然と思ってはいても、具体的目標が明確になっていないからです。

そこで、私が例えば、「明るく、ハキハキとした話し方がいいですか？」と聞くと、たいていの人は「そうです」と答えます。ボソボソと、暗い話し方がいいという人はいません。理想的な話し方とされるものは、だいたいのパターンが決まっています。

最初に自分の理想とする話し方を決めておきましょう。それを頭にしっかりと入れておけば、練習をする際にも方向性がはっきりしてやりやすくなります。つまり、現在地と目的地を明確にしておくのです。

そして、ひととおり、基本練習が終わったならば、それを踏まえたうえで個々の目標とする話し方――例えば、かわいく話したい、理路整然と話したい、あるいは説得力のある話し方をしたいなど、場面や状況に応じた話し方を身に着ければいいと思います。

目標はいろいろです。女性と男性でも違いますし、働いている環境、社会的な立ち位置でも大きく変わります。または、年代や性格的なものでも違いがあるでしょう。どのような目標であっても、基本ができていれば自由にアレンジすることができます。

お手本となる人物がいれば、その人の話し方を身に着ける努力をします。もちろん、まったく同じである必要はありません。それに近い話し方ができれば理想に近づいたことになります。そこに自分のカラーを加えれば、あなたオリジナルの話し方が完成します。

発声練習は欠かさない

アナウンサーはもちろんのこと、歌手や俳優、劇団の役者さんなど、声を仕事にしている人が必ず実行していることがあります。それは発声練習です。

発声練習とは、声帯のウォーミングアップのことです。

運動選手が行うストレッチ、準備運動と役割は同じです。いきなり運動をすると良いパフォーマンスが発揮できないだけでなく、ケガや故障の原因となります。それを防ぐ意味でも、準備運動を欠かすことはできません。

もちろんスピーチをする、講演する、歌う場合も同じですので、準備運動として、発声練習が欠かせません。

私も仕事があるときは必ず発声練習を行い、それから本番に向かいます。

一日に2本仕事が入っていて、1本目の仕事と2本目の仕事の間に時間があるときなど、休憩中に眠気が襲ってくるときがありますが、極力眠らないようにしています。このとき、仮眠を取ってしまうと声帯の状態が起きたときに戻ってしまい、ベストの状態に戻すにはまた時間がかかってしまうからです。

どんな人でも起きてすぐの時間帯は声がよく出ません。これは声帯がまだ寝ている状態だからです。

声帯のコンディションが良くなるのは、だいたい起床後3時間くらいだといわれています。

ですから、歌手の方が朝、早くの時間に仕事が入っているときには、本番の時間よりもさらに3時間以上前に起床しているはずです。そうして、声帯の状態をコントロールしているのです。

発声練習の基本は「あえいうえおあお」と繰り返し発声して行います。通常の「あいうえお」とは違う配列になっていますので、次のページにあるものを参考にしてください。

発声練習のポイントは三つ。

・大きな口を開けること
・一音一音明瞭にハキハキと発音すること
・きれいな声ではなくていいので大きな声を出すこと

繰り返し、発声して声帯をウォーミングアップしましょう。

発声練習

あえいうえおあお
かけきくけこかこ
させしすせそさそ
たてちつてとたと
なねにぬねのなの
はへひふへほはほ
まめみむめもまも
やえいゆえよやよ
られりるれろらろ
わえいうえをわを

がげぎぐげごがご
ざぜじずぜぞざぞ
だでぢづでどだど
ばべびぶべぼばぼ
ぱぺぴぷぺぽぱぽ

ポイント
しゃべる前のウォーミングアップです。
いい声を出そうとしなくてよいので大きな声で。
口を大きく開ける。
一音一音確実に。
腹筋に力を入れる。

滑舌《かつぜつ》を良くするトレーニング

次に滑舌《かつぜつ》を良くするトレーニングです。滑舌とは活舌とも書きます。滑らかに話すには、舌の動きや口の周りの筋肉を鍛えるこのトレーニングが欠かせません。もともとはお芝居の世界の専門用語で、それが一般にも普及しました。

このトレーニングは、小さな声で行っても構いません。

先ほどの発声練習はある程度、声を大きく出したほうがいいのですが、滑舌トレーニングは口を滑らかに動かすトレーニングですから、必ずしも大きい声を出す必要はありません。

ポイントは自分ができる最も速いスピードでやることです。

個人差がありますから、人と比べる必要はありません。慣れてくると誰でも速くできるようになります。

滑舌練習

あいうえお	いうえおあ	うえおあい	えおあいう	おあいうえ
かきくけこ	きくけこか	くけこかき	けこかきく	こかきくけ
さしすせそ	しすせそさ	すせそさし	せそさしす	そさしすせ
たちつてと	ちつてとた	つてとたち	てとたちつ	とたちつて
なにぬねの	にぬねのな	ぬねのなに	ねのなにぬ	のなにぬね
はひふへほ	ひふへほは	ふへほはひ	へほはひふ	ほはひふへ
まみむめも	みむめもま	むめもまみ	めもまみむ	もまみむめ
やいゆえよ	いゆえよや	ゆえよやい	えよやいゆ	よやいゆえ
らりるれろ	りるれろら	るれろらり	れろらりる	ろらりるれ
わいうえを	いうえをわ	うえをわい	えをわいう	をわいうえ

ポイント

噛まないための練習です。
大きな声でなく、自分に聞こえる程度の大きさで。
口を大きく開ける。
自分が確実に言える、できる限りの早口で。

アナウンサーが早口言葉を練習しているのを目にしますが、基本は同じです。滑らかに口が動くようになるためのトレーニングです。

もう一つのポイントは口の開け方です。口をパクパク開けて、音を正確に出すようにします。口の形で発音が決まりますので、口の形は重要です。

滑舌の悪い人は口をしっかり開けていません。口を動かさずにモゴモゴと口の中だけで音を出そうとしているので、聞き取りにくいのです。

このような人が口をしっかりと開けることを心がけると、劇的に変化します。とくに大切なのが上唇です。上唇を意識して動かすと滑舌が良くなります。

滑舌トレーニングを全力で行うと、頬の筋肉がかなり疲れます。これは、笑顔を作るための表情筋のトレーニングにもつながります。

発音には三つの要素があります。

1　口の形

2　舌の位置

3　歯並び

早口言葉は口を大きく開けないと言えません。また、途中でつまずくところも決まっています。そこを注意して練習するようにしてください。

参考に口の形がわかるようにイラスト（136ページ）で示しておきました。何回も練習をして滑らかな発音ができるようにしましょう。

日頃から練習を習慣にしておくと、滑舌はどんどん良くなっていきます。滑らかな口の運びができれば、話す言葉も聞き手に理解されやすくなります。

話の途中で噛《か》まないように注意すること

話の途中で、よく噛《か》んでしまう人がいますが、原因ははっきりしています。

それは二つあります。

口の形

正しい口の形にすると明瞭な発音ができます

あ 指2本〜3本くらいが
縦に入るくらい広げる

い 口角を左右に広げる

う ロウソクの火を吹き消すように
唇をすぼめて少し前へ突き出す

え 口角をあげて横に広げる

お 「う」の形の下あごを下げ
少し縦長に

×　口をしっかり、はっきり開けていない

×　早口で話す

この二つの逆を心がければ噛まなくなります。

○　口をはっきり、しっかりと開けて話す

○　ゆっくり話す

これでOKです。とても単純で簡単そうですが、これがなかなかできないのです。とくに噛むところ、すべるところは決まっています。いわゆる言いにくいところが噛んでしまうところです。例えば、

「～させていただきます」

などはプロでも言いにくいですから、普通の人がそれを口を開けずに早口で言えばかなりの確率で噛んでしまいます。

プロの人はそのような嚙みやすい言葉を話すときは、わざとゆっくり話すようにします。そうして、失敗を防ぐように努めています。

みなさんがいつも使っている言葉のなかでも、うまく言えない言葉、つっかえてしまう言葉があると思います。そのような言葉を話すときは、意識してゆっくりその部分を話してください。そうすれば失敗を防ぐことができます。

プロの人がスラスラと話しているのを見ると、そのような人たちは生まれつき話すのがうまいとか、人と話すのがもともと得意だからと思われるかもしれませんが、そうではありません。

私の場合でも、講座などで講師をしているとやはり同じことを言われます。しかし、それは違います。

現在はスラスラと、滞りなく話せるプロの方も、それは一所懸命にトレーニングを積んだ結果なのです。

プロの方ほどのレベルではなくても、スムーズに話すくらいであれば、ある

表情筋のトレーニング

口まわりの筋肉に集中したトレーニングです。
簡単なので、テレビを見ながら読書しながら等
「ながら」で行ってみてください。

割り箸やボールペンなどを口にくわえます。
上下の歯ではさみ、唇を付けないようにします。
初めはこのままで1分間。
慣れてきたら3分間。

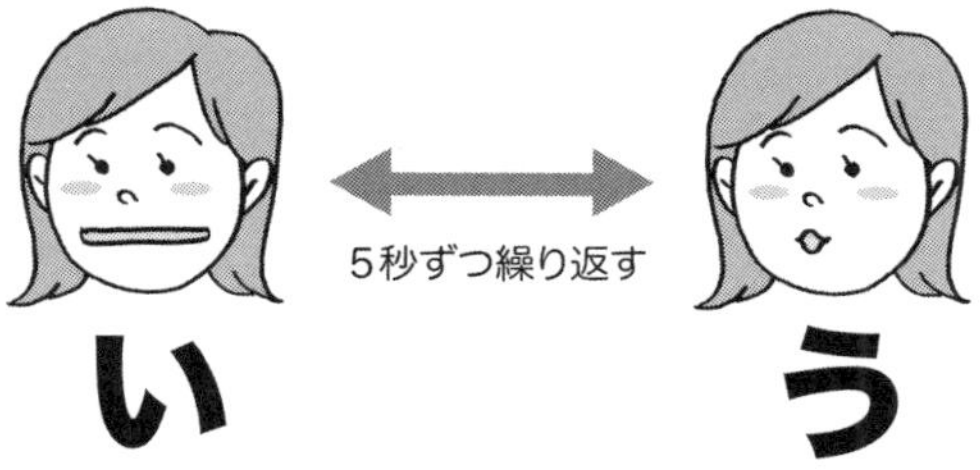

「い」の形で5秒、「う」の形で5秒を10 回繰り返します。

程度の練習を積めば誰でもできるようになります。ですから、自信をもって練習に励むようにしてください。

前のページに、簡単な「表情筋のトレーニング」を載せておきました。時間があるときに行えば口の動きが良くなり、口の開きもスムーズになります。参考になさってください。

舌の位置も、正しくないと滑舌が悪く聞こえます。これも矯正することが可能です。

ただ、つけ加えておきますが、歯並びをきれいに揃《そろ》えれば滑舌が良くなるかといえば、必ずしもそうとは限らないようです。私の知人で、歯並びをきれいに揃えたけれども、逆に滑舌が悪くなったという人もいました。

歯並びは、生まれ持ったものがありますからなかなか変えることは難しいですが、口をしっかりと開けることはすぐにでもできます。無理に歯並びを揃えなくても、練習次第で滑舌は良くなります。

第5章

人生を変える話し方⑤
状況によって使い分ける技術

プレゼンテーションの場合

最終章はシチュエーション別の話し方です。

環境が変われば話し方も変わります。相手も変わりますし、自分の立ち位置や、その場の雰囲気、空気も変わります。それらを素早く読んで話さなければいけません。

ただ、どのようなシチュエーションでも、話し方の基本は変わりませんから、今までお話ししたことは守ってください。

「話し方」とは表現力であり、その一部に「話し方」があるということを忘れずに、そして、ノンバーバル・コミュニケーション（非言語コミュニケーション）や構成力、伝え方にも注意を払いましょう。

前置きが長くなりましたが、まずは「プレゼンテーション」の場合です。ビジネスマンであれば、避けては通れない定番の状況ですね。ここでの「話し方」は自分の成績にも直結しますので、とても大事なスキルといえます。

プレゼンテーションの目的は、自社の製品を買っていただいたり、こちらの思いをできるだけ相手に伝えることです。では、どのようにすれば最も効果的でしょうか。それは相手のことを見抜くことです。

相手が、どんな感覚から情報を受け取りやすいタイプなのかを知り、そのタイプ別に伝え方を変えると効果が上がりやすくなります。

タイプには三つあります。

1　ビジュアルタイプ（視覚・映像など）
2　言葉・音声タイプ（文章・音など）
3　体感タイプ（感覚など）

これはあくまでも統計的なものですから、必ずしも１００％ではありません。しかし、相手がこの三つのどのタイプかを見抜いて、その人に訴えやすい感覚から重点的にアピールしたほうが伝わりやすいのは確かです。

１のビジュアルタイプは、いわゆる映像や視覚に影響を受けやすい人です。話したり考えたりするときに、視線が上を向きます。また、身振り手振りが大きい人です。

そのような相手には、映像を見せて説明したり、絵や図表などの視覚的なデータを示して説得するとうまくいきます。イメージを形に描いて理解しようとする傾向が強いタイプです。

２の言葉・音声タイプは、音や言葉自体に影響を受けやすい人です。

話したり考えたりするときに、視線は左右に動きます。このタイプには、資料を文章にして提出したり、言葉を介して説得するようにします。

言葉や文章からの情報を重視するタイプですから、視覚や映像よりも話す言葉、目にする文章に重点を置いてください。また音にも影響を受けやすいので、このタイプには、耳で聴くオーディオブックなどを好む人もいます。


3の体感タイプが一番わかりにくいかもしれません。

話していて感覚的な言葉遣いをする人がこのタイプになります。

見抜くヒントとしては、

「今日はスカーッと気持ちの良い朝ですね」

「今度の仕事はとてもワクワクします」

「今朝はゾクッとするほど寒かったですね」

というような感覚的で抽象的な言葉を多用する人です。ちょっと古いですが、野球の長嶋茂雄さんなどが代表格でしょうか。

このタイプには数字などの具体的なものではなく、感覚的な部分で素晴らしい、気持ちが良いなどのプラス面を強調します。そのほうが具体的なものより も早く相手に伝わります。

問題は相手がどのタイプかわからない場合です。何回か会っている相手なら ば、ある程度の予想がつきますが、初対面の人の場合は難しいかもしれません。そのようなときには、どのタイプでも大丈夫なように、三つのすべての感覚を盛り込んで準備をしていきます。

視覚的なデータ、文章などのきちんとした資料、そして、それによってどんなに素晴らしい結果が得られるかを、感覚的な言葉でも伝えます。

実際の場面では、相手のことがはっきり見抜けないケースの方が多いかもしれません。あるいはタイプを間違えてしまうこともあるでしょう。そのような場合でも失敗しないように、すべてのタイプを想定して準備をしておくほうが賢明です。

基本は三つのパターンを予想して準備し、途中で相手の傾向がわかったならばそこを重点的に攻めることです。
平均的に解説するよりも効果はアップするはずです。

会議でのスピーチの場合

これは構成力に尽きます。構成力はすでに第3章の伝える技術でお話ししましたので、それをベースにして会議でのスピーチも行ってください。

文章の構成法には三つのパターンがありましたね。復習になりますが、再度、チェックをしておきましょう。

①ＰＲＥＰ法
②箇条書き法
③時系列法

アピールする内容によってそれぞれを選択します。または、自分が使いやすい方法を選んでも構いません。結論を先に言うことを忘れないようにしてください。

そして、忘れてはいけない要素もありました。5W3Hです。これもそのときの話す内容によって入れるようにします。

「スピーチする内容＝道筋」です。

旅に行くときでも行く方法を決めなければ先に進めません。飛行機で行くか、車で行くか、船で行くか。出かける前に決めておかないと、出発した後でどうしていいかわからなくなります。

スピーチにも道標《みちしるべ》が必要です。伝えたい要点を明確に、強くアピールするには地図を描き、どこに到達すればいいかを最初に自覚することです。

それがあなたの気持ち、伝えたい中身を相手に確実に印象づける最善の方法です。

勝負は、準備段階で9割が決まっていると思ってください。

冠婚葬祭で心がけること

ビジネス以外で、最も出席する機会が多いのが冠婚葬祭ではないでしょうか。ただ出席するだけなら問題はありませんが、そこでスピーチを頼まれることがあります。

その多くは結婚披露宴でのスピーチだと思います。上司として来賓祝辞を頼まれる、同僚としてスピーチをお願いされる、あるいは友人として何か話してほしい、だいたいがこのようなパターンだと思います。

いくつか注意点がありますので、順を追ってお話ししていきます。

1　忌《い》み言葉、重ね言葉について

これは昔から言われていることですが、最近ではそれほど気にしないでお話をされる方が多くなっています。

例えば、

「別れる」

「切れる」

「離れる」

「終わる」

「壊れる」

などがあり、この他にもたくさんの忌み言葉があります。また、同じ言葉を繰り返す重ね言葉も良くないとされ、

「たびたび」

「くれぐれも」

「かえすがえす」

などが代表的な言葉です。

あまり神経質になる必要はありませんが、できれば使わないほうがいいと思

います。

友だち関係や同僚などが多いときには気にしなくてもいいでしょうが、年配の方には気にされる方もいらっしゃるので、年齢層が高い場合は使わないほうが無難です。

私の場合はプロですから、このような言葉には極力注意しています。

例えば、披露宴が終了するときには「〜が終わりです」「〜が最後です」とは言わずに、「結びとさせていただきます」「お開きとさせていただきます」などの言葉を使います。

一般の方はそこまで気を使わなくても構いませんが、一応、知っておいたほうがいいと思います。

2　スピーチの構成について

本題のスピーチの内容はどうすればいいでしょうか。どのような話をすればいいか、迷う方もいらっしゃいますので、私がお薦《すす》めする基本的な例をお話ししておきます。スピーチの原稿を頼まれたときは、次のような構成で原稿を作っています。

〈自己紹介〉

まずは自分がどのような人間なのか、新郎新婦とはどのような関係なのかを説明します。これが初めです。

〈お祝いの言葉と同時に新郎新婦を座らせる〉

次にお祝いの言葉を述べます。これは一般的な言葉で構いません。

「新郎○○さん、新婦○○さん、本日はおめでとうございます。また、ご両家の皆様、誠におめでとうございます」

そして、大事なのが新郎新婦を座らせることです。

「どうぞお座りください」

このとき、新郎新婦は起立しています。言葉はどのようなものでもいいですから、新郎新婦を着席させてあげてください。だいたい乾杯の前までは立っているることが多いので、そのときは座って聞いていただくようにします。

乾杯後、雰囲気が和やかになったときのスピーチでは、新郎新婦は着席のままのケースが多いので、そのときは省略してください。もし、起立しているようであれば、このときにも着席をしていただく言葉をかけましょう。

〈間柄を話し、人柄のわかるエピソードを挟む〉

いよいよここからが本題です。来賓は新郎新婦のどちらかの関係者ですから、その関係、間柄を述べます。話している人が新郎や新婦とどのようなつながりなのか——勤務先の上司や同僚、取引先の担当、恩師、親戚などの説明をします。

そこでポイントとなるのが、新郎や新婦の人柄がわかるエピソードを挟むことです。当事者でしかわからない仕事やつき合いのなかで、人柄がわかる出来事を見つけて話します。

もちろんお祝いの席ですから、相手を褒める内容がいいですね。良いところをエピソードを通して紹介します。これは一つで構いません。

〈まとめの言葉〉

最後はまとめの言葉で終わりにします。これも一般的なものでOKです。

「お二人のお幸せを末永くお祈りします」

このような言葉で締めくくってください。これで終了です。

だいたい3分間を目安に話せばいいでしょう。くれぐれもダラダラと長くならないようにしてください。簡潔、明瞭が好まれます。

言ってはいけないNG言葉

忌み言葉とは別に、言わないほうがいい言葉がまだあります。私が司会をしていて実際によく聞かれる言葉です。

例えば、謙遜《けんそん》のつもりでも使わないほうがいい言葉が次のものです。

「諸先輩方を差し置いて恐縮ですが〜」

「はなはだ僭越《せんえつ》ではございますが、ご指名をいただきましたので〜」

これらの言葉は不要です。

あくまでも主役は新郎新婦です。スピーチをする人が、うまく話せないかもしれない言い訳などは必要ありません。

お祝いの言葉を述べるためにスピーチを頼まれているのですから、新郎新婦に向かって自分の言葉で率直な気持ちを表現してください。そのほうがはるかに好感の持てるスピーチになります。

また、スピーチが苦手な人がよく使うのが次の言葉です。

「こういう場は不慣れでして〜」

「今、大変緊張していまして〜」

「自分はアガリ症でして〜」

これらの言葉にはすでに自分がアガっていることを示すキーワードが入っています。そのため、この言葉を使うことでさらに自ら緊張を増す結果になってしまいます。

わざわざ緊張を煽《あお》るような言葉を使う必要はありません。準備した内容をそのまま率直に話すようにしましょう。

手垢《てあか》にまみれた言葉は使わない

最後に年配の方がよく使われる言葉を紹介しておきます。これもすでに使い古されて手垢《てあか》にまみれていますので使わないほうが賢明です。

例えば、夫婦円満の秘訣《ひけつ》を言うときに必ず言われるのが「三つの袋」というものです。これは下に袋がつくものを三つ挙げて、それを心がければ結婚生活がうまくいくという話です。

代表的なのが昔から言われている次の三つです。

・お袋
・巾着袋（給料袋）
・堪忍袋《かんにんぶくろ》

お袋は親ですね。親を大事にしましょうということ。巾着袋（給料袋）はいわゆる生活・経済の安定です。最後の堪忍袋は人生や夫婦の間には我慢することが必要ということを表しています。

最近ではこれらの三つに加え、さらにいろいろな袋が使われているようです。代表的なのが胃袋。奥さんの料理が上手だと旦那さんは家に早く帰ってきて、夫婦が円満になるという教えです。

ただ、私はこのような定番と言われるスピーチネタは賛成しません。あまりに使われ過ぎていますし、聞き手の心に響きません。お祝いの言葉は自分の言葉で伝えることが本筋だと考えています。

結婚披露宴は新郎新婦の二人が主役です。彼らを引き立てる言葉を送るのがベストだと考えます。

また、スピーチする人の自慢話も誰も聞きたくありません。自分の話を長々としても、空気が読めない人だと思われるだけです。

もう一つ、笑いをとる必要もありません。何か面白いことを言って笑わせてやろう、などとウケをねらっても、失敗して落ち込むのが関の山です。

主役である新郎新婦を祝福するための場であることを忘れず、自分の言葉で語ることが大切ではないでしょうか。


また、お通夜やお葬式のときに喪主の方やご親族に声をかける際、言葉に悩む方がいらっしゃいますが、この場合は最初の言葉だけを発音した後は語尾を濁《にご》せば問題ありません。

例えば、

「この度は誠に〜。心から〜」

このような感じで構いません。逆にはっきりと言うほうがおかしな印象を与えてしまいますので、語尾は口の中でもごもごと言い、はっきり聞こえないくらいでちょうどいいと思います。

相手の親族の方も同じような口調でもごもごと口を動かしながらお辞儀をするはずです。お通夜やお葬式ではこれで問題ありません。

大切なのは、故人や遺族への敬意や労《いたわ》りの気持ちです。

面接時の対応策は？

状況別の話し方のなかでも、講座で要望が多いのが面接時の対応です。就職時の面接から、社会人になってからの転職や資格試験などでの面接。そのどれもが緊張する場面であるのは変わりません。

もし、とっておきの対応策があるならば、誰でも知りたいのは当然のことだと思います。私が実際に自分の会社で面接をする側としての経験から、面接時における注意点、気をつけるべき事柄をお話ししておきましょう。

面接といっても、グループでの面接と1対1との面接がありますので、二つに分けてお話しします。

〈グループでの面接の場合〉

私の指摘は少し通常とは違っているかもしれません。面接時のノウハウといえば、「どのようなことを話せばいいか」という内容についてのアドバイスが多いのですが、すでにみなさんは、それぞれ勉強されていると思いますので、それについてはとくに述べません。

私はグループで面接をする場合には、他人が話しているときの態度を見ています。その人の話す内容がどうのこうのというよりも、人の話をきちんと聞いているか、自分のことばかりを考えるのではなく、全体のことを考えられる人間かどうかを見るようにしています。

たいていの人は自分が話すことばかりに気を取られて、他の人の話には注意を払わないのです。

例えば、自分が話し終えてホッとするのはわかりますが、次の人が話をしているのを全然聞いていない、明らかに気を抜いている、あるいは話す順番が次に迫ると自分の話す内容のことばかりに気を取られて、今、話をしている人のことは無視している等々。

確かに次が自分の番だとそうなる気持ちは理解できますが、それでは社会人として失格ではないでしょうか。

仕事の多くはチームプレイです。そのチームの中にいる意識を持てるかどうかが大切なチェックポイントだと考えています。

話す内容はどうでもいいとは言いませんが、それよりもその場に参加している意識をきちんと持っている、そして、全体のことを考えられる人であってほしいと私は思います。

〈1対1での面接の場合〉

この場合も先ほどと同じように、どのように人の話を聞いているかを重点にチェックします。いわゆるコミュニケーション能力ですね。

目線はどうか、姿勢はどうか、表情はどうかなど、話す相手にどれだけ神経を使っているかを見ます。

人には3種類のタイプがあると言いました。ビジュアル系、言語系、体感系です。その違いも見るようにします。

ただ、これはその人の個性と職種への適性ですから、無理に自分を変える必要はありません。それよりもきちんとしたコミュニケーションができるのか、そこに重点を置いて面接官と話をするようにしましょう。

私独自の人の見抜き方

また、ちょっといじわるかもしれませんが、私は面接時にあえてプレッシャーをかけることもします。

例えば、次のようなものです。

「30秒で自己紹介をしてください」

と言って、わざと腕時計で時間を計りはじめます。このようにすると、ほとんどの人は慌てます。そうしておいて、相手の反応を見るわけです。話す内容は練習してきても、時間を区切って話す練習はしていません。

この場合は自己紹介ですが、他にも実は聞く内容はどうでもいいことばかりです。要は中身ではなく、ストレスがかかったときのメンタル力、ストレス耐性をチェックしているのです。なかには「え～と、え～と」と言って終わってしまう人もいます。

ときどき泣き出してしまう人もいますが、このような人はやはりダメですね。どんなに良い人でも採用しません。社会に出れば泣きたいことは山ほどあります。泣いて済むような場合ではありません。

仕事は歯を食いしばって耐えなければならないこともあります。そのことを肝に銘じてほしいと思います。

面接をする会社や面接官によってもチェックするポイントは違いますが、話す内容だけに気を取られるのではなく、社会人として仕事をしていくうえでの適性が見られることも知っておいてください。

また、繰り返しになりますが、「話し方」は結論から入って結論で終わるという構成にすることを、しっかり覚えておいてください。これは面接時でも同じです。基本になるスキルですから、どんな場合でもそれを念頭に置いて話をするようにしましょう。

話すときはハッキリ、明快に。これも変わりません。口の中でもごもごしていては相手も聞き取れません。

まとめますと、

＊社会人としての適性（協調性、メンタル力など）
＊コミュニケーション能力

それらの総合力が試されると思ってください。話す内容だけではなく、人間としての能力が問われるのが面接の場でもあります。技術やスキルは、その後の訓練でいくらでも身に着きます。

座り方にも注意して

最後に相手と話すときの位置関係にも触れておきます。一見、あまり関係ないように思われるかもしれませんが、座る位置によってコミュニケーションのとり方にも大きな違いが出てきます。

例えば、相手の真正面に座るときと横に座るときでは、印象がガラッと変わるとは思いませんか?

または、グループの場合、四角いテーブルに座ったときと丸いテーブルに座ったときでは、お互いの気持ちに変化が起きると思いませんか。

座り方

①硬い雰囲気できちんと伝えるべきことを伝える場合

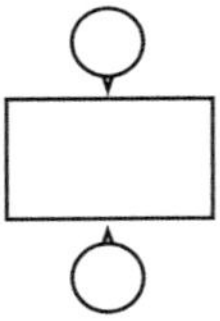

机をはさんで正面で向かい合って座ります。
緊張感が高まります。

②少しくだけた雰囲気で話したい場合

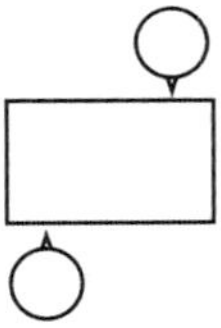

机をはさんで正面で斜めに座ります。
緊張感が緩和されます。

③よりざっくばらんな雰囲気で会話をしたい場合

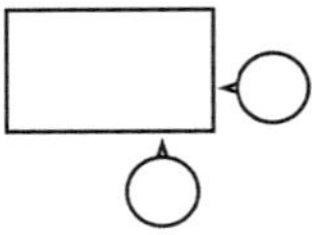

机に向かって直角に座ります。
視線がぶつからないのでより気楽になります。

【番外編】さらに親密さを増したい場合

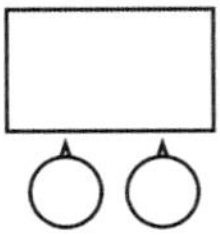

横に並び同じ方向を向いて座ります。
カップルや親友くらいの関係でないと難易度が高いです。

実際に試してみるとわかりますが、相手との位置関係で微妙な心の変化が起きてきます。その効用を話すときに活かせば、より良い結果を期待することができます。

言葉よりもイラストで説明したほうがわかりやすいと思いますので、前のページの図を参考にしてください。

良好な人間関係を築くときの目安になるはずです。

おわりに――「話し方」のスキルを手に入れて実りの多い人生を

これで「話し方」のレクチャーは終わりです。いかがでしたか？　みなさんにもできそうですか？

確かに凄く簡単ではないかもしれませんが、逆に凄く難しいわけでもありません。日頃のトレーニングを地道に積み上げていけば、誰にでもここに書かれたノウハウは習得できるはずです。

そして、たったこれだけのことであなたの人生が変えられるとしたら、こんな素晴らしいことはないと思います。

私は子どもの頃からコミュニケーションがとれない暗い時代を送ってきました。決して、望んでそうしたわけではありません。

しかし、「話し方」の技術、スキルを覚えてからは人生がこんなに変わるものかと自分でも驚いています。

今では「明るく、社交的で、笑顔の、前向きなさつきちゃん」で通っています。人生を暗く、後ろ向きに、消極的に生きたい人はいないと思います。多くの人がその逆の人生を求めているはずです。

なりたい自分になること。それが、「話し方」のスキルを手に入れることで叶《かな》います。ぜひともみなさんもトライして実りの多い人生を送ってください。

著者プロフィール

菱田さつき（ひしだ さつき）

1969年生まれ。愛知県名古屋市出身。有限会社プレジャー企画取締役社長。NPO法人日本ホスピタル・クラウン協会理事。

子どもの頃から人とコミュニケーションがうまくとれず、人前で話すことはおろか友達もほとんどいなかった。

広告デザインの仕事に10年間携わり、グラフィックデザイナーから一転、天職である司会業に出合い、猛特訓の末にプロデビュー。後に日本最大級のクラウン（道化師）・似顔絵師の育成、派遣を行うプレジャー企画の社長となり、多くのエンターテイナーをマネジメントするという異色の経歴をもつ。

名古屋を中心に、司会業、レポーター、キャスターをはじめ、話し方講座の講師としても活躍。現場で培った話す技術とコミュニケーションスキル、一流の技術を備えたエンターテイナーを育てる独特の視点を交えた講座は、とくにビジネスリーダーに評判となっている。

あなたの人生を100%変える話し方

―― 成功を呼び込む「話し方」の技術

平成29年4月17日　初版第1刷発行

著　者　菱田さつき
発行者　鈴木一寿

発行所　株式会社 彩雲出版　埼玉県越谷市花田4-12-11　〒343-0015
TEL 048-972-4801　FAX 048-988-7161
発売所　株式会社 星雲社　東京都文京区水道1-3-30　〒112-0005
TEL 03-3868-3275　FAX 03-3868-6588
印刷・製本　中央精版印刷株式会社

ISBN978-4-434-23165-0
定価はカバーに表示しています